Fußbälle

Texte **Tobias Friedrich**
Fotos **Péter Pesti**

IMPRESSUM

Edel Books
Ein Verlag der Edel Germany GmbH

Projektkoordination:
Dr. Marten Brandt und Tobias Friedrich
Umschlagfotografie: Péter Pesti

Layout und Umschlaggestaltung:
Dunja Berndorff, www.nawim96.com

Lithografie: Zoltán Hosszú

Printed in China

ISBN 978-3-8419-0459-1

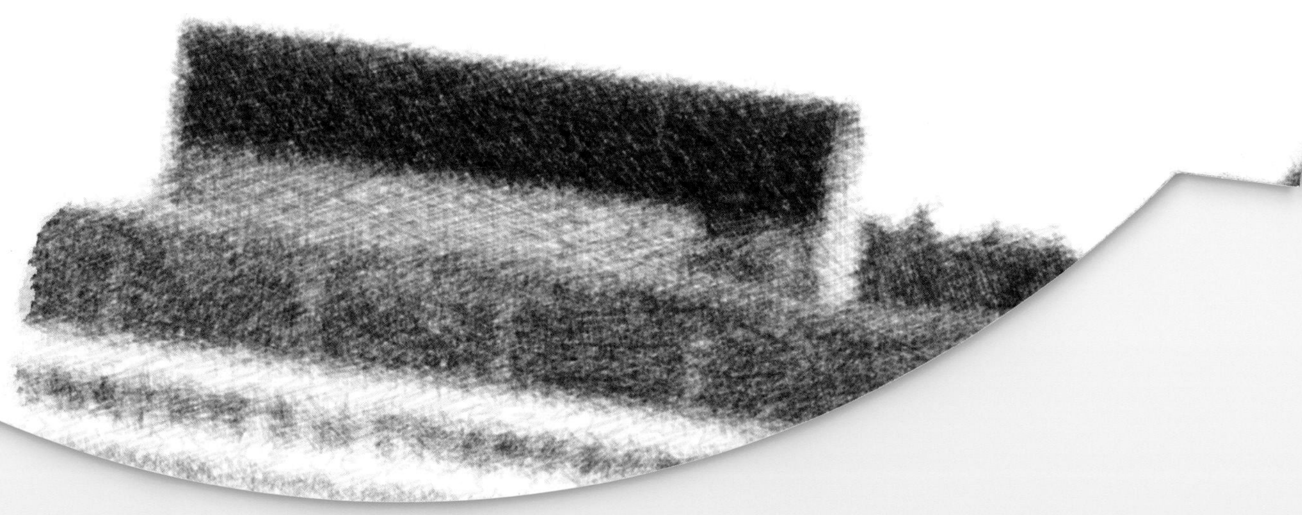

Fußbälle

Texte Tobias Friedrich
Fotos Péter Pesti

VORWORT

Der unwiderstehliche Impuls, gegen einen Ball zu treten ist (fast) so alt wie die Menschheit. Die Chinesen vergnügten sich schon im 2. Jahrtausend vor Christus bei einem Spiel namens Tsu Chu, bei dem man einen mit Federn und Haaren gefüllten Lederball aus Tierhaut zwischen zwei Pfählen unterbringen musste. Was als militärisches Training begann, entwickelte sich im Laufe der Zhou-Dynastie zu einem Sport, für den sich weite Teile der Bevölkerung begeisterten. Einigen ägyptischen Riten sagen Historiker eine Ähnlichkeit zum heutigen Fußball nach, und in der Antike vertrieben sich sowohl die Römer als auch die Griechen die Zeit mit einem Spiel, bei dem es galt, mit einem Ball zu laufen und diesen mit den Füßen zu treten.

Aus Rohtang geflochtener indonesischer Fußball von 1950

Das Spektrum der über die Jahrhunderte als Bälle verwendeten Gegenstände reicht von menschlichen Köpfen über zusammengenähte Stoffe und Netze, Schädel von Mensch und Tier bis zu Kuh- und Schweinsblasen. Ägypter und Griechen wickelten Samen in Leinentücher, die Japaner spielten innerhalb des Tempelbezirks Kemari mit einer Kugel aus über einen Bambusrahmen gespanntem Ziegenleder. Mit Luft war das asiatische Spielgerät nicht gefüllt, dafür aber in der Mitte verschnürt. Selbst Eskimos sollen mit Bällen aus Robbenleder, die mit Moss gefüllt waren, gekickt haben, während die Ureinwohner Australiens, die Aborigines, den Hodensack eines Kängurus mit Gras ausstopften, um ihrem Spieltrieb frönen zu können. Frühmittelalterliche Legenden berichten von ganzen englischen Dörfern, die es sich zur Aufgabe machten, einen Schädel bis zum Stadttor des Nachbardorfs zu treten, dessen Einwohner wiederum im Gegenzug versuchten, das gute Stück zurück ins Dorf der „Angreifer“ zu befördern. Man darf sich die an dieser Art Vergnügung Beteiligten dabei getrost als eine Mischung aus Sportlern und Hooligans vorstellen.

Im mittelalterlichen England soll man gar mit lederummantelten Weinflaschen gespielt haben, die man mit Korkspänen füllte, damit man sie leichter aus dem Fluss fischen konnte, wenn sie während des sportlichen Wettbewerbs dort landeten. Diese Maßnahme spricht gegen das seinerzeitige Vorhandensein ordentlicher Fußballfelder und stark dafür, dass man eine gewisses Maß an Anarchie während des Spiels billigend in Kauf nahm.
In Mittelamerika waren es die Maya und Azteken, die sich an Ballspielen erfreuten, lange vor der Austragung der ersten nach allgemein gültigen Regeln ablaufenden Partie in Europa. Ihre Art des Spiels, für den ein massiver Kautschukball verwendet wurde, führten Indianer sogar dem spanischen Königshaus vor. Davon übrig geblieben ist der Begriff „Mesoamerikanisches Ballspiel“. Eine „Ulama“ genannte Variante dieses Sports wird angeblich heute noch praktiziert.
Über die Jahrhunderte hinweg gab es militärische, soziale, kulturelle, kultische, religiöse und juristische Gründe, frühe Formen von Fußball zu spielen. Es gab befestigte Stadien und in Frankreich und Italien sogenannte Treibballspiele. Diese seit dem 15. Jahrhundert veranstalteten Kampfspiele ähnelten zwar eher dem heutigen American Football, doch entschieden wurden sie laut Überlieferung durch geschossene Tore. Die gesellschaftlichen Hierarchien mit ihren Standesunterschieden waren dabei außer Kraft gesetzt, und – dies wird eingefleischte Fußballfans schmunzeln lassen – aus Italien ist überliefert, dass es bei dem „Calcio Storico“ genannten Kick weniger darum ging, schön zu spielen, als vielmehr am Ende als Sieger vom Platz zu gehen.

Eher in Richtung des heutigen Fußballsports ging es Mitte des 19. Jahrhunderts in England. Zunächst pustete man Blasen oder Tiermägen mit dem Mund auf, verknotete sie und ummantelte sie anschließend – wenn sie nicht platzten – mit Materialien wie Leder, Kork oder sogar Holz. Erste, noch ziemlich unverbindliche Regeln, wurden 1846 von Studenten der Universität Cambridge aufgeschrieben. Zu jener Zeit durften noch 15 oder sogar 20 Spieler eines Teams auf dem Platz stehen. 1857 wurde mit dem Sheffield F.C. der erste offizielle Fußballklub der Welt gegründet, doch ein wirklich einheitliches Regelwerk oder auch nur einen einheitlichen Ball gab es auch zu dieser Zeit noch nicht.

Wenige Jahre zuvor entdeckte der Amerikaner Charles Goodyear 1839 durch Experimente mit Schwefel-Kautschuk-Mischungen in Verbindung mit einer gehörigen Portion Zufall die Vulkanisation von Gummi. Der durch dieses Verfahren gewonnene Werkstoff war im Vergleich zu Kautschuk robuster, elastischer und resistenter gegen Hitze und Kälte. 1855 produzierte Goodyear aus Gummi-Panels, die er am Saum zusammenklebte, einen Ball, der den Namen Fußball tatsächlich verdiente, auch wenn er von der Struktur und dem Erscheinungsbild her mehr einem Basketball glich. Das erste offizielle Fußballspiel sollte jedoch erst am 7. November 1863 ausgetragen werden, wobei gegen den von Studenten gegründeten Oneida Football Club ein Team aus Studenten der Boston Latin und der Boston English School antrat. Allerdings brachte weder Goodyear sein Patent etwas ein (er starb verarmt und selbst der bekannte gleichnamige Autoreifenhersteller wurde erst nach seinem Tod gegründet und lediglich ihm zu Ehren nach ihm genannt), noch gelang es den Amerikanern, genügend Menschen für den neuen Sport zu begeistern und für ihn einen geregelten Wettbewerb zu etablieren. Dies blieb den Engländern überlassen.

Ball mit Verschnürung

Nachdem 1862 ein gewisser H. J. Lindon eine der ersten mit einer Pumpe aufblasbaren Gummiblasen für Fußbälle entwickelt hatte, legte die am 26. Oktober 1863 gegründete English Football Association (FA) die ersten offiziellen Spielregeln fest. Auf eine Beschreibung des Balles verzichtete man dabei noch. 1870 begrenzte man die Anzahl der Spieler auf elf, ein Jahr später verbot man außer dem Torwart allen Kickern, den Ball mit der Hand zu spielen, und erst 1872 verankerte man in einer überarbeiteten Fassung der Regeln die Bestimmung, dass der Spielball von sphärischer Gestalt und zwischen 68,6 und 71,1 Zentimeter groß und zwischen 370 und 430 Gramm schwer sein solle. Es dauerte bis 1937, ehe man das optimale Gewicht auf einen Wert zwischen 396,2 und 452,8 Gramm änderte. Diese Vorschrift ist bis heute Bestandteil des FIFA-Reglements.
Im Jahr 1872 fand auch das erste Länderspiel statt: Schottland und England trennten sich in Glasgow 0:0. Seinerzeit störte man sich noch nicht daran, dass der Schiedsrichter aus Schottland und damit aus einem der gegeneinander antretenden Länder stammte. Noch vor der Jahrhundertwende wurden mit Regelergänzungen noch weitere Fragen geklärt: Halbzeitpause, Frei- und Strafstöße, das Verwenden einer Trillerpfeife durch den Schiedsrichters, Einwürfe mit beiden Händen, die Einführung von Linienrichtern, das Anbringen von Tornetzen oder die Verlängerung eines Spiels. 1878 fand in Sheffield das erste Spiel bei Flutlicht statt, zehn Jahre später wurde in England die erste Profiliga gegründet, und 1899 erlaubte man Spielern Vereinswechsel gegen Bezahlung. Der Transferhöchstbetrag durfte jedoch zehn Pfund nicht übersteigen, was aus heutiger Sicht eine lächerlich geringe Summe war. Nicht minder bemerkenswert ist ein überliefertes Zitat des deutschen Lehrers Konrad Koch, der 1874 das Fußballspiel in Deutschland sowie Begriffe wie Abseits oder Eckball in den Sport einführte: „Beim Fußballspiel findet unsere deutsche, des frischen Spiels im Freien entwöhnte Jugend am schnellsten ihre verlorene Spiellust wieder."

Tricolore-Version der 1974er WM-Balles

Was liegt also näher, als dem Objekt der Begierde ein Buch zu widmen? In diesem, seinem Gegenstand entsprechend runden Band präsentieren wir – soweit dokumentiert und abbildbar – seine Evolution und beschreiben seine wichtigsten Stationen samt damit in Zusammenhang stehender fußballhistorischer Ereignisse. Und wir belegen, dass Sepp Herbergers berühmte Feststellung, der Ball sei rund und ein Spiel dauere 90 Minuten, nicht immer zutrifft. Ein wenig nachdenklich stimmt die Tatsache, dass die Chinesen ihr dreitausend Jahre zuvor aus der Taufe gehobenes Fußballspiel zwischen den Jahren 220 und 680 perfektionierten, ihm die anfänglich noch beim Kicken vorherrschende militärische Gewalt austrieben mit Regeln, in denen sogar die Rolle des Torhüters und des Mannschaftskapitäns festgelegt waren, nur um im Lauf von hundert weiteren Jahren das Spiel wieder in Vergessenheit geraten zu lassen.

Es ist schwer vorstellbar, dass in Europa, Südamerika, in Asien, Amerika oder Afrika der in den letzten 150 Jahren perfektionierte Fußball in dreitausend Jahren einmal nicht mehr die Gemüter erregt, Menschen verbindet und in glühender Abneigung für 90 Minuten zu kreativen Gegnern macht, für die Stadtgrenzen wichtiger sind als Freundschaften oder Verwandtschaftsverhältnisse.

TOBIAS FRIEDRICH IM GESPRÄCH MIT DEM FOTOGRAFEN PETER PESTI

TF: Erzählen Sie ein wenig von Ihrem Hintergrund. Sie schienen für dieses Buch aus mindestens vier Gründen prädestiniert: Sie sind Fotograf, Ballfetischist, Bällesammler und Sie stellen sogar selber Bälle her und handeln damit.

PP: Es mag merkwürdig klingen, aber selbst all diese Eigenschaften hätten allein nicht gereicht, um ein solches Projekt zu bewältigen. Der entscheidende Punkt waren meine über Jahre aufgebauten, hervorragenden Beziehungen zu anderen Sammlern, zu verschiedenen Museen und zu einer Firma wie Adidas. Im Jahr 2007 erstellte ich eine eigene Website (www.worldcupballs.info), auf der sich inzwischen knapp 300 Nutzer registriert haben. Das bedeutet, dass ich direkten Kontakt zu nahezu jedem ernsthaften Sammler in zahlreichen Ländern der Welt habe. Mit vielen von ihnen stehe ich in täglichem Kontakt, wir tauschen uns andauernd aus und geben Informationen weiter. Diesem Netzwerk habe ich es zu verdanken, dass ich alle hier abgebildeten, für die Evolution des Fußballs relevanten Bälle ablichten konnte.

TF: Wann haben Sie ernsthaft mit dem Sammeln von Bällen begonnen?

PP: Schon als Kind habe ich von den Bällen geträumt, die bei Weltmeisterschaften zum Einsatz kamen, konnte mir diese aber nie leisten. Meinen ersten richtigen Spielball kaufte ich mir 1999 während eines Aufenthalts in den USA. Es war der offizielle Ball der Major League Soccer. Ich war überglücklich mit so einem High-End-Ball spielen zu können. Als ich etwas mehr Geld zur Verfügung hatte, leistete ich mir im Jahr 2004 den Adidas Finale UCL Spielball, den ich direkt vom Laden aufs Spielfeld trug. Bei Versuchen, damit den Pfosten zu treffen, kam ich bei fünf Versuchen auf vier Treffer. Ich konnte es kaum glauben. Das war der Moment, in dem ich mich dazu entschloss, so viele Spielbälle wie möglich zu kaufen und zu testen.

Also begann ich nach anderen, noch älteren Bällen im Internet zu suchen und fand heraus, dass viele Besitzer mit ihren hochwertigen Bällen gar nicht spielen, sondern sie in Vitrinen aufbewahren. Zu dieser Zeit lernte ich meine ersten Sammlerfreunde kennen. Ihrem Einfluss und den Schätzen in ihren Sammlungen ist es zu verdanken, dass auch ich ein Sammler wurde.

TF: Was waren die Höhepunkte Ihrer Sammlerjahre?

PP: Als ich im Alter von 15 Jahren den Spielball aus dem Elfmeterschießen des WM-Endspiels von 1994 in einem Sportmuseum in Ungarn sah, konnte ich meine Augen nicht von ihm abwenden. Ich blieb eine Ewigkeit vor dem Ball stehen. Es war wie Liebe auf den ersten Blick und löste etwas in mir aus, von dem ich damals noch nicht wusste, wohin es mich führen würde. Aber das war definitiv der Augenblick, in dem meine Liebhaberei begann. Dementsprechend war es für mich keine Frage, dass ich nach fast zwei Dekaden diesen Ball auch für dieses Buch wieder aufspüren und fotografieren musste. Weitere Höhepunkte sind Treffen mit anderen Sammlern. Wir sind eine kleine, aber sehr besondere internationale Gemeinschaft.

TF: Wie haben Sie die Bälle für dieses Buch fotografiert? Geben Sie einen Einblick in das Prozedere und die Organisation, die dahinter steckte.

PP: Dieses Projekt unterscheidet sich in vielerlei Hinsicht von einem normalen Buch. Am wichtigsten ist die Tatsache, dass die hier abgelichteten Bälle alle extrem rar und sehr, sehr teuer sind. Sie zu transportieren kam daher nicht in Frage, die Bälle mussten dort aufgenommen werden, wo sie sich befanden. Meiner Vorstellung nach sollte jeder Ball in exakt demselben Stil präsentiert werden, ganz so, als seien sie alle an einem Ort fotografiert worden. Ich entschloss mich daher, sechs Wochen lang in sechs verschiedene Länder zu reisen. Vorbereitend konstruierte ich einen Aufbau für die Fotografien, von dem ich verschiedene Kopien anfertigte, und sandte diese Wochen vor meiner Ankunft an die jeweiligen Reiseziele, um das Risiko eines Verlusts oder einer Verzögerung am Flughafen zu vermeiden. Die Grundlage meines Aufbaus war ein Design mit Rasen, das ich bereits für meine Website genutzt hatte, für das ich nun jedoch die Lichtverhältnisse komplett änderte. Allein diese Aufgabe hat mich etwa einen Monat Arbeit gekostet, bevor ich zu meinen Reisen aufbrach. Eine Schwierigkeit war, dass das Setup sehr kompakt sein musste, damit ich es überall aufbauen konnte, egal ob in einer Privatwohnung, in einem Büro, in einem Museum oder in einem Fotostudio.

TF: Wie viele Bälle haben Sie für dieses Buch insgesamt fotografiert?

PP: Ich habe ungefähr 500 Bälle nur für dieses Projekt fotografiert. Das schwierigste war, zu entscheiden, welche Bälle wir außen vor lassen. Viele von den nicht abgedruckten sind mehrere Tausend Euro wert und großartige Sammlerobjekte, aber wir mussten uns mit der limitierten Seitenzahl arrangieren. Die anderen Bälle kann man jedoch auf meiner Webseite sehen.

Original-Ball des Champions League Endspiels

TF: Welcher Ihrer Bälle ist Ihnen am wichtigsten, welchen bedeutet Ihnen am meisten?

PP: Kurz vor seinem Tod im Sommer 2014 besuchte ich Gyula Grosics, den Olympiasieger und Torwart der ungarischen Weltmeistermannschaft von 1954, und er signierte mir einen Ball mit Widmung. Er ist eine zwar traurige, aber auch besondere Erinnerung für mich. Ein weiterer, für mich außergewöhnlicher Ball ist jener, der von der deutschen Weltmeistermannschaft von 1990 inklusive Coach Franz Beckenbauer signiert wurde.

BÄLLE VOR DER ERSTEN WELTMEISTERSCHAFT

VERARBEITUNG In den Anfangsjahren der Fußballfabrikation gaben die Hersteller an, dass es bei der Fertigung der Bälle auf die Stärke des Leders und die Fähigkeiten der Mitarbeiter ankäme, die die Bälle am Ende vernähten. Ziel war es, Bälle zu produzieren, die möglichst lange und gut ihre Form behielten. Die Wahl zwischen Leder vom Hinterteil oder von der Schulter einer Kuh würde zudem den Unterschied zwischen einem sehr guten und einem mäßigen Ball ausmachen. Wirkliche Fortschritte bezüglich der Formstabilität machte man jedoch erst, als die Panels nicht mehr an den Nord- und Südseiten des Balles zusammenliefen, sondern ineinandergriffen. Die Blasen im Inneren wurden zur Jahrhundertwende aus kräftigem Gummi gefertigt.Vernäht wurden die Panels linksherum, bevor man den Ball auf rechts drehte, eine luftleere Blase durch den einzig verbliebenen Schlitz ins Innere schob, deren Schlauchende zum Aufblasen nutzte, den Schlauchhals verknotete, im Inneren verbarg und den Ball schließlich zunähte.

FAKTEN Viel weiß man von den hier abgebildeten Bällen nicht. Nach den wenigen verfügbaren Informationen ist bekannt, dass der aus acht Panels bestehende Ball auf dieser Seite im Jahr 1900 und jener auf Seite 10 1890 von der Firma H. J. Rofe in Piccadilly, Manchester, hergestellt wurden. Der dreißig Jahre ältere, sogenannte Button-Ball gegenüber stammt von der Firma Duke and Sons, die in Penshurst in der Grafschaft Kent ansässig war. Im Gegensatz zu Produzenten wie Mitre oder Thomlinson's aus Glasgow konnten sich Rofe oder Duke jedoch offensichtlich nicht als Massenproduzenten von Fußbällen etablieren (die Familie Duke war eher auf Kricketbälle spezialisiert). Der Zeitpunkt, um als Ballmanufaktur erfolgreich zu sein, konnte indes kaum besser sein. Mit der Gründung der englischen Fußballliga 1888 stieg die Nachfrage nach Fußbällen rapide an.

GESCHICHTE

Der Ball auf Seite 11 zeigt nicht nur einen der frühen Bälle mit einer außergewöhnlichen 18-Panel-Struktur, sondern auch ein Exemplar zu Ehren des englischen Kickers Samuel Chedgzoy. Diesem wiederum verdankt der Fußball die Ausführung der Ecken, wie wir sie seit Langem schon kennen.

Der 1889 in Ellesmere Port geborene Chedgzoy kam im Alter von 21 Jahren zum FC Everton, wo er mit Unterbrechung in den Kriegsjahren bis 1926 spielte. Als Rechtsaußen wurde er im Alter von 31 Jahren sogar noch in die englische Nationalmannschaft berufen, für die er achtmal auflief.

Chedgzoy: 1. v. l. sitzend

Berühmtheit erlangte Chedgzoy jedoch weder aufgrund seiner 279 für Everton absolvierten Spiele noch wegen der dabei erzielten 33 Tore, sondern vielmehr durch einen einzigen Eckball. Nachdem das International Football Association Board (IFAB) 1924 die Regeln änderte und zuließ, dass Eckbälle auch direkt verwandelt werden durften, fasste sich Chedgzoy in einem Spiel ein Herz, führte eine Ecke alleine vor sich hin dribbelnd aus und schoss den sich selbst so vorgelegten Ball ins Tor. Kurz darauf kam die IFAB zu einer Notfallsitzung zusammen und beschloss, die ihnen so eindrucksvoll vor Augen geführte Lücke im Regelwerk zu schließen. Fortan durfte ein Spieler den Ball bei einer Ecke nur noch einmal berühren oder erst dann wieder, wenn es eine weitere Berührung durch einen anderen Spieler gegeben hatte.

Chedgzoy setzte später seine Karriere in Kanada fort, wo er bis ins Jahr 1940 spielte. Der englische Verband hatte ihm 1931 einen Ball gewidmet, der ihm von der britischen Nationalmannschaft überreicht wurde.

Abb. S. 9: 1870er-Jahre „Button Ball"
Abb. S. 10: 8-Paneelen-Ball, 1890er-Jahre
Abb. S. 11: Sam Chedgzoys Ball aus 18 Paneelen, 1931

8-Paneelen-Ball ca. 1900

Presented to
CHEDOZOY

T-MODEL & PLAYERS

WM 1930 URUGUAY

VERARBEITUNG Für die erste Weltmeisterschaft betraute man 1930 die Firma John Salter & Son aus dem nahe London gelegenen Aldershot mit der Herstellung der Spielbälle. Statt über ein Ventil füllten die Mitarbeiter Schweinsblasen manuell mit Luft und vernähten diese in aus elf Paneelen bestehenden Lederhüllen, was bedeutete, dass weder der Druck noch die Größe der Bälle einheitlich waren. Abschließend wurde jeder Ball mit einem Lederband festgezurrt, das man durch eingestanzte, paarweise angeordnete Schnürlöcher zog. Besonders markant waren die in T-Form gehaltenen Lederstücke, denen der Ball seinen Namen verdankte.

FAKTEN Das T-Model wurde auch unter dem Namen „Wembley“ produziert, doch weder eine Bezeichnung noch das Logo des Herstellers durften in jenen Jahren bei der Endrunde auf einem Ball auftauchen. Bei der WM in Uruguay kam das T-Model in 13 von 18 Spielen zum Einsatz. In den übrigen Partien spielte man mit einem aus Schottland importierten Ball namens Tiento. Die während der WM verwendeten Modelle waren nicht, wie bei späteren Endrunden, neu und eigens für die WM entworfen worden, sondern bereits zuvor bei nationalen Meisterschaften und während der Olympischen Spiele 1928 zum Einsatz gekommen. Dabei lässt sich ihre Geschichte sogar bis zum Anfang des 20. Jahrhunderts zurückverfolgen: Fußbälle dieser Machart finden sich bereits auf Anzeigen und in Katalogen aus dem Jahr 1913.

GESCHICHTE

Anders als heutzutage, wo bei großen Turnieren Dutzende Spielbälle für jedes Match zur Verfügung stehen und alle genormt und identisch sind, unterschieden sich die beiden für die erste Fußballweltmeisterschaft zur Verfügung stehenden Modelle Tiento und T-Model. Da die Mannschaften seinerzeit vor jedem Spiel einen Balltyp auswählten, kam es vor dem Endspiel zum Unausweichlichen: Die Teams aus Uruguay und Argentinien konnten sich nicht auf einen Ball einigen. Das härtere, über 500 Gramm schwere und etwas größere T-Model wurde von den Uruguayern bevorzugt, während die Mannschaft aus Argentinien den kleineren und weicheren Tiento mit seinen zwölf Panels favorisierte. Kurz vor Anpfiff fand der belgische Schiedsrichter John Langenus eine salomonische Lösung: In der ersten Halbzeit spielte man mit dem Tiento, in der zweiten kamen zwei Exemplare des T-Model zum Einsatz. Denn nachdem einem Spielgerät die Luft ausging, musste es durch ein anderes ersetzt werden. (Selbst diese beiden Exemplare unterschieden sich: Eines hatte fünf Schlaufen, das andere sieben.) Ob die Wahl des Balles Auswirkungen auf den Ausgang des Spiels hatte, lässt sich nicht rekonstruieren, auch wenn einige Experten davon ausgehen. Fakt ist, die Argentinier führten nach der ersten Halbzeit mit „ihrem“ Ball 2:1, lagen jedoch nach weiteren 45 Minuten, die mit dem T-Model gespielt wurden, 2:4 hinten. Im Jahr 2004 wurde der Finalball mit der größeren Naht in Deutschland für 50.000 Euro versteigert. Er stammte aus dem Nachlass des Präsidenten des Organisationskomitees der ersten Fußballweltmeisterschaft, Dr. Raul Jude, der gleichzeitig auch Präsident des Fußballverbands von Uruguay war. Die Echtheit des Balles wurde notariell beglaubigt. Heute ist er im Spanischen Fußballmuseum in Madrid zu bewundern. Und auch sein kleiner Bruder mit der kürzeren Bindung, der im National Football Museum in Manchester zu sehen ist, ist Teil einer sporthistorischen Sammlung.

Die siegreiche Mannschaft aus Uruguay

T-Model-Bälle dieser Art wurden in der 2. Hälfte des 1930er-Endspiels verwendet

Abb. S. 13: Laut National Football Museum in Manchester ist dies der Final-Ball von 1930 (1. Halbzeit), womöglich spielte man damals jedoch mit einem „Players“ genannten, ähnlichen Ball

Lucien Laurent schoss das erste Weltmeisterschaftstor der Geschichte

FEDERALE 102

WM 1934 ITALIEN

VERARBEITUNG Der Federale 102 wurde – im Gegensatz zu den bis dahin üblichen Bällen mit zwölf Panels – aus 13, von Hand zusammengenähten polygonalen Panels gefertigt. Das zusätzliche Stück Leder diente dabei der Einarbeitung der Verschnürung mit sechs Lochpaaren. Die Schnüre wurden zudem zum ersten Mal bei einer WM aus Baumwolle statt aus Leder gefertigt, was zur Folge hatte, dass der Ball weicher wurde und sich besser zum Kopfballspiel eignete.

FAKTEN Das faschistische Regime des Benito Mussolini hatte nicht nur die Weltmeisterschaft nach Italien geholt, der „Duce" setzte auch Italien als Produktionsstandort der Spielbälle durch. Diese wurden schließlich von der Firma E.C.A.S. (Ente Centrale Approvvigionamenti Sportivi) hergestellt.

Die Italiener tragen ihren Trainer Vittorio Pozzo auf den Schultern

GESCHICHTE

Weil die Beschaffenheit eines jeden Federale-Balls in nicht unerheblichem Maße vom individuellen Geschick der in der Fertigung arbeitenden Mitarbeiter abhängig war, kam es vor jedem WM-Spiel zu denkwürdigen Szenen: Beide Kapitäne der Mannschaften mussten sich vor Spielbeginn auf ein Modell einigen. Neben dem Federale standen noch der aus zwölf Panels bestehende Globe der britischen Firma Cliff's sowie das ebenfalls in England vom Unternehmen William Sykes hergestellte Modell Zig-Zag zur Verfügung. Während der Zig-Zag mit seinen 13 Lederstücken ähnlich aufgebaut war wie der Federale, basierte der Globe auf der traditionellen Methode. Der seinem Zickzack-Muster seinen Namen verdankende, moderne englische Ball wurde im Verlauf des Turniers so beliebt, dass er sogar beim Finale zum Einsatz kam. Die Auswahlprozedur vor den Spielen fand ihr Ende erst mit den identischen, ohne Schnüre auskommenden Bällen von 1950.

Der spätere Weltmeister Italien

Doch bei aller Beliebtheit waren Fußbälle in den 30er-Jahren längst nicht davor gefeit, sich während eines Spiels zu verändern, nicht einmal der offizielle Ball der Weltmeisterschaft. Im Finale der WM führte die Unberechenbarkeit des Balles zu einer kuriosen und spielentscheidenden Szene. Im Spiel der vor heimischem Publikum in Rom antretenden Italiener gegen die Tschechoslowakei lagen die Azzurri acht Minuten vor dem Schlusspfiff 0:1 zurück. Auftritt Raimundo Orsi! Der Italiener schoss den Ball Richtung Tor und die Kugel senkte sich, nachdem sie eine unnachahmliche Flugbahn genommen hatte, unhaltbar in den Kasten der Tschechen. Die anschließende Verlängerung entschieden die Italiener durch einen Treffer ihres Mittelfeldmannes Angelo Schiavio für sich. Als Orsi am darauffolgenden Tag seinen Kunstschuss vor einer Gruppe von Fotografen wiederholen wollte, schaffte er es mit keinem einzigen, der von ihm unternommenen zwanzig Versuche!

Abb. S. 17: Ball ähnlich dem Federale 102, jedoch ohne Aufdruck

Auch mit dem 12-Paneelen-Ball „Globe" wurde bei der WM gespielt

ALLEN

WM 1938 FRANKREICH

VERARBEITUNG Im Prinzip ähnelte der französische Allen dem Federale: gleiche Anzahl an Panels, gleiche Verschnürung auf dem dreizehnten, etwas dünneren Lederstück. Einzig die Nahtstellen des Leders waren glatter und runder, wodurch der Ball etwas gleichmäßiger wirkte als sein Vorgänger. Dennoch fand man auch von ihm keine zwei gleichen Exemplare, denn die Form war weiterhin von demjenigen abhängig, der bei der Produktion Luft in den Ball pumpte.

FAKTEN An der Tradition, das Gastgeberland auch mit der Herstellung der WM-Bälle zu betrauen, wurde 1938 festgehalten. Der Ballproduzent Allen, der auch die Spielgeräte der Olympischen Spiele von 1924 gestellt hatte, verfügte zu diesem Zeitpunkt bereits über reichlich Erfahrung in der Produktion.

Paneelen-Struktur ähnlich der eines 1938er Allen-Balles

„Coupe du Monde 1938“: Der Italiener Giuseppe Meazza (l) und der Ungar György Sarosi (r) vor Spielbeginn

GESCHICHTE

Auch 1938 durften nur unbedruckte, werbefreie Bälle während des Turniers verwendet werden. Zwar hielt sich das Unternehmen Allen an diese Vorgabe, schaffte es aber dennoch, einen der ersten Sponsor- und Marketingcoups der Sportgeschichte zu landen – und das lange bevor das Fernsehen Sportartikelherstellern eine entsprechende Werbefläche bot. Die Werbe- und Verkaufsfachmänner bei Allen wussten nur zu genau, dass die Pressefotografen stets die Platzwahl in einer Aufnahme festhielten und positionierten daher vor jedem Spiel der WM am Anstoßpunkt einen mit dem gut sichtbaren Firmennamen bedruckten Ball über einem nicht minder auffälligen Schild mit der Aufschrift „Coupe du Monde 1938“. Dass während der Partien die unbedruckten Exemplare zum Einsatz kamen, konnten sie verschmerzen, denn den Werbeeffekt hatten sie ja schon erzielt. In tausendfacher Auflage würde am nächsten Tag ihr Ball überall in den Schaufenstern liegen und sich glänzend verkaufen. Eines der Geheimnisse des Fußballs bleibt, welcher Ball tatsächlich im Finale 1938 verwendet wurde. Auf vor Spielbeginn gemachten Fotos – unter anderem vom legendären italienischen Kicker Guiseppe Meazza – sind sowohl Exemplare mit zwölf, als auch solche mit 13 und 18 Panels zu sehen.

Abb. S. 19: Allen-Ball mit geraden Rändern

Frankreichs Fußballlegende Alfred Aston, der 1934 und 1938 bei der WM dabei war

DIVERSE BÄLLE
Zwischen den Weltmeisterschaften

VERARBEITUNG Nachdem es deutlich Wichtigeres gegeben hatte, führte die Produktion von Fußbällen in den Jahren nach dem Krieg zu einigen entscheidenden Veränderungen. Zunächst wurde immer öfter eine zweite Haut, eine sogenannte Karkasse aus kräftigem Tuch zwischen Blase und Leder der Bälle verarbeitet. Die Kugel konnte dadurch länger ihre Form halten, Schüsse wurden besser abgedämpft und das Produkt wurde insgesamt stabiler. Trotz allem kam es immer noch vor, dass während des Spiels Bälle platzten. Dem Problem, dass das Leder Wasser aufsaugte, wollte man in jenen Jahren damit in den Griff bekommen, dass man den Bällen eine synthetische Schicht verpasste oder die Außenhaut mit wasserundurchlässigen Tinkturen imprägnierte. Das Hauptaugenmerk legten die Sportartikelhersteller jedoch auf die Nähte. Gerüchten zufolge wurde in Italien bereits ab dem Jahr 1936 in Freundschaftsspielen mit Bällen gespielt, die nicht mehr mit einer Naht verschlossen waren, sondern über ein Ventil verfügten. Endgültig passé war die alte Verarbeitungsmethode jedoch erst mit der WM 1950 und dem Superball.

FAKTEN Man kann in Ermangelung gesicherter Informationen keine verlässlichen Angaben bezüglich der Herkunft und des Herstellungsjahrs der hier abgebildeten Bälle machen. Kleine, eher an Baseball erinnernde Fußbälle, wie jener auf dieser Seite, soll es bereits Anfang des 20. Jahrhunderts gegeben haben. Da man zu jener Zeit noch mit Form, Material und Verarbeitung experimentierte, erscheint dies zumindest möglich. Der große Ball auf S. 21 hingegen stammt vermutlich aus dem Jahr 1940. In gewisser Weise wirkt er wie eine Mischung aus Allen- und Topstar-Ball. Auch der Ball auf S. 22 mutet wie eine Ventil-Version des Allen-Balles an, während es sich bei dem Exemplar auf S. 23 um eine frühe Gattung des Crack-Modells handeln könnte.

GESCHICHTE
Während des Krieges und in den ersten Jahren danach erlahmte nicht nur die Produktion neuer Fußbälle signifikant, auch das internationale sportliche Kräftemessen wurde ausgesetzt. Eines der ersten Großereignisse nach Kriegsende waren die XIV. Olympischen Spiele in London 1948. Bei diesen durften im Fußballwettstreit Nationen auf sich aufmerksam machen, die ansonsten in dieser Sportart eher ein Schattendasein fristeten: Luxemburg, Afghanistan, Indien oder China. Auch wenn diese Fußballexoten realistischerweise keine Titelambitionen hatten und sie sich getreu der Maxime „Dabei sein ist alles" dem sportlichen Vergleich stellten, wurde den Zuschauern auch sonst einiges geboten. Die indische Mannschaft trat zum Teil barfüßig an und konnte, unter diesen Umständen, bei der 1:2 Niederlage gegen Frankreich im Prinzip von einer Sensation sprechen, zumal man bis eine Minute vor Schluss das Unentschieden erfolgreich gehalten hatte. Jugoslawien holte einen 0:1 Rückstand zur Pause eindrucksvoll mit sechs erzielten Toren in Hälfte zwei auf, Italien kannte beim 9:0 Sieg gegen die USA keine Gnade, und für die hoffnungsvollen englischen Gastgeber war gegen Jugoslawien im Halbfinale Schluss – obendrein verlor man das Spiel um Platz 3 gegen Dänemark. Die wahren Helden der Spiele waren jedoch jene zwölf Schweden, die das Turnier quasi ohne Auswechselspieler bestreiten mussten. Mit insgesamt 22 geschossenen Toren (zwölf davon allein gegen Südkorea) holte man die Goldmedaille. Auffälligste Akteure der Nordeuropäer waren die Stürmer Gunnar Nordahl, Henry Carlsson und Gunnar Gren. Letzterem widmete man später sogar eine Statue vor dem Gamla-Ullevi-Stadion in Göteborg.

Abb. S. 21: Üblicher 18-Paneelen-Ball mit Verschnürung
Abb. S. 22: Ball mit sehr rarer Paneelen-Struktur mit Ventil
Abb. S. 23: Vorgänger des Crack

Gunnar Gren, Gunnar Nordahl und Nils Liedholm, hier in Milan-Trikots, waren die Stars des schwedischen Olympia-Teams

Statue zu Ehren Gunnar Grens in Göteborg

SUPERBALL

WM 1950 BRASILIEN

VERARBEITUNG Obwohl sich die argentinische Firma Tossolini, Valbonesi, Polo & Cia bereits in den 30er-Jahren einen Ball patentieren ließ, der ohne Schnüre auskam, weil er eine geschlossene Lederoberfläche mit einem Ventil besaß, sollte dieser erst bei der WM 1950 zum Einsatz kommen. Das schon Jahre vorher in der nationalen Liga und in einigen internationalen Partien erprobte Modell konnte wesentlich schneller und einfacher aufgepumpt werden und verfügte über eine deutlich gleichmäßigere Oberfläche als seine Vorgänger. Die Spieler konnten das erst Superval, für die WM aber Superball Duplo T getaufte Spielgerät besser köpfen und mussten nicht befürchten, dass sich die Kugel während eines Spieles verformte.

FAKTEN Für die WM wurde der Superball schließlich nicht im Land des großen brasilianischen Rivalen hergestellt, sondern im Land des Zuckerhuts. Seltsamerweise wurde Tossolini für dieses Turnier eine Ausnahme erteilt und der Firma erlaubt, Logos und Beschriftungen auf jene Bälle aufzubringen, die während der WM zum Einsatz kamen.

GESCHICHTE

Alles, auch der neue, perfekt sphärisch runde Superball, sollte den Gastgebern bei diesem Turnier in die Karten spielen. Wer sollte besser damit umgehen können als die technisch versierten Brasilianer mit ihren Superstars Ademir, Chico und Zizinho und einem Team, das ein Jahr zuvor mit 46 erzielten Treffern die Copa América gewonnen hatte? Die ganze Nation war sich sicher, wer der kommende Champion sein würde, Rios Bürgermeister rief die Elf gar bereits vor dem entscheidenden Spiel der Finalgruppe gegen Uruguay pathetisch als Sieger aus. Offiziell sahen 173.850 Zuschauer das dramatische letzte Gruppenspiel, obwohl man inzwischen davon ausgeht, dass es eher rekordverdächtige knapp 210.000 waren.

Zwar gingen die Brasilianer kurz nach der Pause in Führung, doch Uruguay schien davon unbeeindruckt. Nach dem Gegentor raunte Uruguays Kapitän Obdulio Varela seinem Kollegen Rodríguez Andrade beim Anstoß durch den hysterischen Torjubel der Menge zu: „Lass sie schreien. In fünf Minuten wird das Stadion einem Friedhof gleichen und die einzige Stimme, die man hört, wird meine sein.“ Zwar verschätzte sich Varela um eine Viertelstunde, sollte aber recht behalten. Uruguay schoss den Superball noch zweimal ins brasilianische Tor.

Die Mannschaft Brasiliens

Andrade jedoch hatte in der 90. Minute noch eine Schrecksekunde zu überstehen, als er sah, wie der uruguayische Verteidiger Schubert Gambetta nach einer letzten Ecke für Brasilien den WM-Ball im Strafraum in seine Hände nahm. „Was machst du da, du Hornochse?“, schrie er seinen Mitspieler an. Doch Gambetta war bloß der Erste, der den Schlusspfiff von Schiedsrichter Reader gehört hatte.

12-Paneelen-Struktur, wie sie bei der WM 1950 vorkam

Abb. S. 25: Ball mit Struktur der WM-Bälle 1950

Der Uruguayer Alcides Ghiggia (2. v.l.) mit Trainer Juan Lopez Parado (stehend) und Mitspielern

SWISS WORLD CHAMPION

WM 1954 SCHWEIZ

VERARBEITUNG Der Swiss World Champion wurde aus 18 angeschnittenen Panels aus lohgegerbtem Rindsleder handgenäht, wobei jeweils drei längliche Lederstreifen eine Seite bildeten. Dies führte zu einem Design, das dem eines Würfels ähnelte, den man zu einer Kugel aufgeblasen hatte, getreu dem Motto: „Das Eckige muss ins Runde.“ Durch das Lohgerben erhielten die Turnierbälle eine gelbliche bis hellbraune Farbe. Die Firma Mitre nutzt noch heute die mit Zick-Zack-Muster versehene Struktur bei einigen ihrer Bälle.

FAKTEN Die Ulrich Schär AG produzierte die Bälle, die während der WM zum Einsatz kamen, ohne Aufdruck und spendete sie im Anschluss dem Schwedischen Fußballverband, damit der sie an Vereine und Schulen zu Trainingszwecken weitergeben konnte. Der Schweizer Hersteller Kost Sports aus Basel wiederum bewarb und verkaufte vor und nach der WM den bedruckten „Champion“. Exemplare beider Versionen sind extrem rar und kosten bis zu 6000 Euro.

GESCHICHTE

Sepp Herberger, der Trainer der deutschen Weltmeistermannschaft von 1954, war ein großer Memorabiliensammler und hatte seinen Verteidiger Werner Kohlmeyer damit beauftragt, ihm den Spielball des Finals Deutschland gegen Ungarn (3:2) zu sichern. Kohlmeyer gelang es mit Unterstützung einiger Mannschaftskameraden, dem englischen Unparteiischen den Ball abzuschwatzen. So kam der stoische und penible Übungsleiter nach dem legendären „Wunder von Bern“ an das vom Regen vollgesogene Spielgerät, das er von seinen Schützlingen signieren ließ, wobei er Wert darauf legte, dass sie sich leserlich verewigten. Anschließend nahm er den Ball mit nach Hause.

Jahrelang fristete die Sportreliquie ein eher tristes Dasein im Keller des Weltmeistertrainers in Hohensachsen bei Mannheim. Erst nach Herbergers Tod kam, wie von ihm testamentarisch verfügt, der signierte Swiss World Champion zum DFB nach Frankfurt, wo man ihn im Archiv in säurefreiem Papier verwahrte. Wer ihn berühren wollte, brauchte nicht nur die Erlaubnis des Verbands, sondern musste auch vorher Stoffhandschuhe anziehen. Seit Oktober 2015 kann der offiziell 410 Gramm schwere Endspielball besichtigt werden im Deutschen Fußballmuseum in Dortmund, wo er zu den herausragendsten Exponaten zählt.

Abb. S. 27: Offizieller Ball des Eröffnungsspiels der WM 1954 mit Unterschriften

Max Morlock trifft zum 1:2 im Finale

Gustav Wiederkehr, Vizepräsident des Schweizer Fußballverbands, wiegt mit seinem Assistenten die Spielbälle

Klassischer 18-Paneelen-Ball der WM 1954

Die Kapitäne Fritz Walter und Ferenc Puskas mit Schiedsrichter William Ling

SUISSE
SWISS WORLD
CHAMPION
MATCH-BALL

TOP STAR
WM 1958 SCHWEDEN

VERARBEITUNG Für die WM 1958 initiierte die FIFA erstmals eine Ausschreibung, um den Hersteller des Turnierballes zu ermitteln. Im Februar 1958 ließ man sich von verschiedenen Firmen Bälle ohne Aufdruck zusenden, um unter notarieller Aufsicht den besten auszuwählen. Nach gründlicher Prüfung der 102 eingereichten Exemplare entschied man sich schließlich für die anonyme Nummer 55 und damit für einen Ball, dessen Hauptunterschied zu den anderen darin bestand, dass er aus 24 langen und kurzen Leder-Panels statt wie bisher üblich aus 12 oder 13 Teilen gefertigt war. Zudem verfügte der Top Star genannte Ball über eine wasserabweisende Wachsschicht, die ihn für Spiele bei Regen prädestinierte.

FAKTEN Das ungewöhnliche Fabrikat war ein Produkt der im schwedischen Angelholm ansässigen Firma Sydsvenska Läder- & Remfabriken. Sie stellte allen Nationalteams für das Turnier 30 Trainingsbälle zur Verfügung und bot den nationalen Verbänden weitere Exemplare zum Kauf an. Ein Angebot, von dem jedoch lediglich der spätere Weltmeister Brasilien Gebrauch machte. Zwar darf bezweifelt werden, dass sein Rekord unmittelbar mit der Beschaffenheit des Top Star zu tun hatte, doch der Franzose Just Fontaine erzielte mit dem weiterentwickelten Ball bis heute unerreichte 13 Tore in einem einzigen Turnier.

GESCHICHTE Im Jahr 1958 war Mário Américo bereits ein Star unter den Stars. Der kahlköpfige, dunkelhäutige Mann mit dem grimmigen Blick war Masseur der brasilianischen Nationalmannschaft und galt als Wunderheiler. Lag ein Spieler verletzt auf dem Spielfeld, spurtete der ehemalige Minenarbeiter und Boxer auf den Rasen, mit nichts weiter bewaffnet als einem Wassereimer und einem breiten Gürtel, in dem er allerlei mysteriösen Salben und Tinkturen aufbewahrte. Konnte ein Fußballer trotz seiner magischen Hände einmal nicht direkt weiterspielen, warf Américo ihn kurzerhand über seine Schulter und trug ihn vom Feld.

Als das Finale Brasilien gegen Schweden abgepfiffen wurde und die Südamerikaner als Weltmeister feststanden, rannte auch Américo auf den Platz, schnappte sich dieses mal jedoch keinen Sportler, sondern entwendete dem Schiedsrichter Maurice Guigue den Spielball und verschwand mit dem Leder in den Katakomben des Råsunda Stadions in Solna. Während „Ball Nr. 55" aus der ursprünglichen Ausschreibung auch heute noch im Råsunda bewundert werden kann, schenkte Américo „seinen" Finalball dem brasilianischen Fußballverband.

Abb. S. 29: 1958er Top Star unbedruckt, wie er 1958 bei der WM zum Einsatz kam

Extrem rarer, bedruckter Top-Star-Ball

v.l.n.r: Masseur Américo (in späteren Jahren)

Die Brasilianer mit Pokal und sehr verhaltener Freude

Uwe Seeler im Spiel gegen Jugoslawien

(MR.) CRACK

WM 1962 CHILE

VERARBEITUNG Mr. Crack wurde von der in der chilenischen Stadt San Miguel (Provinz Santiago) ansässigen Firma Custodio Zamora hergestellt. Er war der erste WM-Ball, in dem ein Latex-Aufblasventil verarbeitet wurde. Dies ist insofern bemerkenswert, als dass diese Methode in den kommenden Jahrzehnten beibehalten werden sollte und lediglich statt des ursprünglich eingesetzten Kautschuks in späteren Jahren synthetische Stoffe verwendet wurden. Jeder Mr.-Crack-Ball wurde manuell vernäht.

FAKTEN Bei allen Weltmeisterschaften vor 1970 war das Prozedere für die Auswahl des Spielballs dasselbe: Der Verband des Gastgeberlands ließ sich von lokalen Herstellern verschiedene Bälle schicken, die anschließend von einem Organisationskomitee und einer Schiedsrichterjury geprüft wurden. Am Ende hatte man sich für einen Ball entschieden, der das gesamte Turnier über zum Einsatz kommen sollte. Der eigentliche Name des WM-Balls 1962 war Crack, jedoch befindet sich in dem Logo, das den Ball ziert, der Zusatz „Mr" klein im Buchstaben A, weshalb er mancherorts „Mr. Crack" genannt wurde. Der Crack bestand aus einem damals neuartigen Design mit 18 polygonalen Panels. Die verschiedenen Teile hatten drei unterschiedliche Formen: hexagonal, rechteckig und eine Art gerundetes beziehungsweise gebogenes Hexagon.

GESCHICHTE

Obwohl Mr. Crack zum offiziellen Spielball der WM 1962 in Chile bestimmt worden war, gaben sich die europäischen Teams mit dieser Entscheidung nicht zufrieden. Um bei dem Turnier eine Alternative zur Verfügung zu haben, setzte man durch, dass 100 Bälle des Modells Top Star der vorherigen WM in Schweden eingeflogen wurden. Die Nationalteams aus Europa waren mit dem etwas dunkleren und mit länglichen Panels versehenen Vorgänger vertraut, und schließlich kamen diese Bälle auch in einigen Spielen zum Einsatz. Genutzt hat dies den Europäern am Ende wenig. Weltmeister wurde, wie schon vier Jahre zuvor, Brasilien.

Im Gegensatz zu früheren WM-Bällen sollte Mr. Crack weniger Luft verlieren und auch deshalb länger seine Form behalten, doch im Lauf des Turniers verloren die zur Verfügung stehenden Exemplare trotz allem so sehr an Gewicht, dass sie gegen Ende des Öfteren gegen das Modell Top Star ausgetauscht wurden. Auch das gelbliche Orange der Bälle hielt nicht sehr lange, weshalb auf Fotos oft unterschiedlich farbige Spielgeräte zu sehen sind. Insgesamt wurde der Crack in 23 der 32 Partien eingesetzt.

Die Mannschaft Chiles mit dem Mr Crack

Abseits der Diskussion um den Spielball ging die WM 1962 vor allem als die brutalste aller Endrunden in die Geschichte ein, und auch als jene mit den am defensivsten eingestellten Mannschaften. Dass es die Wahl des Balls einer eher untergeordnete Rolle spielte, zeigte sich unter anderem an der als „Schlacht von Santiago" in Erinnerung gebliebenen Partie der Italiener gegen die Gastgeber aus Chile. Das von dem englischen Referee Ken Aston gepfiffene Spiel wurde für den Fußball erst im Nachhinein bedeutsam. Aston, der mit der Leitung des Spiels heillos überfordert war und danach nie wieder ein WM-Spiel pfiff, führte in seiner späteren Funktion als Vorsitzender der FIFA-Schiedsrichterkommission die – an die Ampelfarben angelehnten – gelben und roten Karten ein.

Sehr seltene Version des Crack

Abb. S. 31: 1962er Ball des WM-Spiels Tschechoslowakei gegen Jugoslawien

CHILENA
CAMPEONATO MUNDIAL DE FUTBOL
1962
CRACK
MR
PRIVILEGIADO
MODELO
Nº 607
INDUSTRIAL

SLAZENGER CHALLENGE
WM 1966 ENGLAND

VERARBEITUNG Wie die in vorherigen Turnieren verwendeten Bälle wurde auch der Challenge 4-Stars von Hand vernäht. Der Sportartikelhersteller Slazenger Limited aus dem englischen Croydon fertigte ihn aus 25 rechteckigen Panels. Das hochwertige Leder wurde während der Produktion gedehnt verwendet und geschmeidig und elastisch gemacht. Die Verarbeitung ähnelte der des WM-Balles von 1958, lediglich das Panel mit dem Latex-Aufblasventil, das in ein kleines Lederstück eingearbeitet war, war neu.

FAKTEN Auch in England wurden während der WM nur Bälle ohne Aufdruck verwendet. Farblich variierten die Turnierbälle, manche waren dunkelorange, wie der Endspielball, andere heller, gelblich oder fast weiß. Da das weiße Modell im Schwarz-Weiß-Fernsehen jener Zeit am besten zu erkennen war, kam es am häufigsten zum Einsatz, auch wenn das dunkle Orange des Endspielballs den Fans nachhaltiger in Erinnerung geblieben ist. Nach dem Turnier fertigte Slazenger Challenge-Bälle mit dem Aufdruck des Namens und der symbolischen vier Sterne. Der Ball wurde aufgrund seiner perfekten Form geschätzt und auch Jahre später noch von anderen Firmen kopiert. Der Challenge 4-Stars war der letzte WM-Ball, der im Gastgeberland produziert wurde, ab 1970 stellte die mittelfränkische Firma Adidas die offiziellen Spielbälle. Der original Endspielball wird heute im National Football Museum im englischen Preston verwahrt.

GESCHICHTE Da es bei vorherigen Turnieren immer wieder Unmut über die verwendeten Bälle gegeben hatte, sollten solche Diskussionen im Mutterland des Fußballs von vornherein ausgeschlossen werden. Bereits ein Jahr vor dem Anpfiff des Eröffnungsspiels wurden verschiedene Firmen aufgefordert, der FIFA infrage kommende Modelle zu schicken. Die Regeln sahen vor, dass der Ball einen Durchmesser von 68 bis 71 Zentimetern haben und zwischen 400 und 450 Gramm wiegen sollte. Um für größtmögliche Chancengleichheit und Transparenz zu sorgen, lud die FIFA zur Auswahl des besten Balles die Presse ein. Mittels eines komplizierten Verfahrens wurde zudem sichergestellt, dass keines der Mitglieder der Auswahlkommission vor dem Entscheidungstag einen der Bälle zu sehen bekam. Der Gewinner des Auswahlverfahrens, die Firma Slazenger, musste anschließend rund 400 regelkonforme Exemplare für die WM herstellen.

Bei der Weltmeisterschaft gelangte vor allem ein Ball zu Berühmtheit. Als der Unparteiische Gottfried Dienst die Verlängerung des legendären Endspiels England gegen Deutschland (4:2) abpfiff, führte der deutsche Torjäger Helmut Haller das Leder am Fuß. Ohne zu zögern nahm er den Ball, klemmte ihn sich unter den Arm und erklärte dem Schweizer Dienst, in Deutschland sei es Sitte, dass der Verlierer den Ball behalten dürfe. Selbst bei der Ehrung des Zweitplatzierten durch Königin Elisabeth II. gab Haller seine Trophäe nicht mehr her. Stattdessen ließ er diverse Spielergrößen wie Uwe Seeler, Bobby Moore, Eusebio oder Pelé sein Souvenir unterschreiben und schenkte es, zurück in der Heimat, seinem Sohn Jürgen zum fünften Geburtstag.

In den folgenden Jahren wurde der Ball ein paar Mal verliehen und es wurde sogar auch damit gespielt, bis Haller ihn auf Druck britischer Medien vor der in England ausgetragenen EM 1996 wieder hergeben musste. Dies ließ sich der ehemalige Nationalspieler fürstlich bezahlen, jedoch spendete er einen Teil der mutmaßlich 80.000 Britischen Pfund einer karitativen Einrichtung.

Helmut Haller entwendet den Endspielball

Der englische Nationalspieler George Cohen

Abb. S. 33: Der einzige genutzte Ball des WM-Endspiels 1966
Abb. S. 34: Weißer Slazenger Challenge des 1966er WM-Spiels Italien – Chile (12.7.66)
Abb. S. 35: Bedruckter Slazenger Challenge, wie er verkauft wurde

WM 1966
Italien - Chile 2:0
Sunderland 13.7.66

MADE IN ENGLAND
SLAZENGER
25
CHALLENGE

DIVERSE BÄLLE
1950-1970

VERARBEITUNG Als die Firma Adidas 1963 in die Produktion von Fußbällen einstieg, entwickelte man zunächst den Santiago als eine Antwort auf den oft kritisierten Mr. Crack der WM 1962. Obwohl sich beide äußerlich sehr ähneln, versuchte man beim eigenen Modell die damals gängige Form der 18 Panels zu optimieren. Gleichzeitig bot man einen Ball mit 32 Panels an, der sowohl bei den Käufern als auch bei den Spielern gut ankam. Fast zwei Jahrzehnte lang kamen vor allem Bälle mit 18 Lederstücken in den Stadien zum Einsatz. Eine generelle Neuerung stellte in der Nachkriegszeit die Verwendung von weißen Spielgeräten dar. Diese waren notwendig geworden, um dem Publikum bei Flutlichtspielen das Verfolgen des Leders zu erleichtern. Die allerersten weißen Bälle gab es allerdings bereits im Jahr 1892.

FAKTEN Da sich in der Zeit von 1950 bis 1970 keiner der Fußballhersteller auf dem Markt durchzusetzen vermochte, gleichzeitig aber alle mit Hochdruck daran arbeiteten, die perfekte Form und Verarbeitung zu finden, trieb die Ballproduktion mitunter merkwürdige Stilblüten. Die Anzahl der Panels variierte und selbst bezüglich der Form schien alles erlaubt, wie der mehr einem Würfel als einer sphärischen Kugel gleichende Ball auf S. 38 belegt. Nachdem Adidas ins Geschäft mit dem runden Leder eingestiegen war, folgte zunächst eine Phase des Herumexperimentierens. Allein in den 60er-Jahren brachte man 15 verschiedene Modelle auf den Markt. Darunter befanden sich Exemplare mit 12 Panels (Just Fontaine, Mexico), solche mit 18 Lederstücken (Minime, Santiago, Oro, Palma, Rio) und Bälle mit 32 Panels (Apollo, Chile, Comet, Meteor, Mundial, Saturn, Telstar und Tricolores). Die beiden Letztgenannten sollten sich Anfang der 70er-Jahre international durchsetzen, wobei das 32-Panel-Modell Telstar bereits 1965 im Weltpokalspiel zwischen Inter Mailand und CA Independiente aus Buenos Aires zum Einsatz gekommen war.

GESCHICHTE Lange bevor es offizielle Spielbälle gab, wurde auch mit sonderbaren Exemplaren wie diesem weißen, mit 24 Panels bestückten Lederball (S. 37) im Europapokal der Landesmeister, dem Vorläufer der Champions League, gespielt. Zu jener Zeit wurden die Spielpaarungen und auch die Endergebnisse noch direkt auf dem Ball verewigt, also nicht etwa mit einem professionellen, offiziell anmutenden Aufdruck, sondern schlicht mit einem dicken Filzstift.

Das hier abgebildete Exemplar erinnert dabei an ein Spiel, das es nach heutigem Regelwerk überhaupt nicht hätte geben dürfen. Wismut Aue und Rapid Wien hatten sich in zwei Spielen der 1. Runde in Wien mit einem 3:1 für Rapid und im Rückspiel mit einem 2:0 für Aue getrennt. Heutzutage wäre Aue aufgrund des mehr erzielten Auswärtstors in die nächste Runde eingezogen, nicht so jedoch im Jahr 1960. Damals galt allein die Summe der Tore, also 3:3, was wiederum ein Entscheidungsspiel auf neutralem Platz notwendig machte.

In dem im St. Jakobs-Park in Basel ausgetragenen dritten Spiel ging Rapid in der 4. Minute in Führung und verteidigte diese laut Spielbericht gegen eine vor dem Tor an Harmlosigkeit kaum zu überbietende Mannschaft aus Aue. Chancen über Chancen erarbeitete sich das ostdeutsche Team von Trainer Fuchs, doch Spieler wie Erler, Tröger, Wagner oder Stürmer Wachtel scheiterten an ihrem eigenen Unvermögen mehr als am Wiener Torwart Hujer. Wagner hatte dabei das Pech, seinen Freistoß aus 18 Metern an den Innenpfosten zu setzen, von wo aus der Ball wieder ins Feld prallte.

Rapid Wien brachte das 1:0 über die Runden, zog ins Viertelfinale ein, wo man Malmö ausschaltete, und scheiterte erst im Halbfinale am späteren Pokalsieger Benfica Lissabon.

Abb. S. 37: Ball des Länderspiels Norwegen – Schweiz (1.7.64), ursprünglich gelb-schwarz
Abb. S. 38: 18-Paneelen-Ball von Adidas, Modell Palma

Replica-Version des ersten Adidas Balles Santiago

Rapid Wien 1
Wismut Aue 0
Basel
21.12.60

adidas
MADE IN FRANCE
PALMA
OFFICIEL
DURLAST
DURLAST

TELSTAR DURLAST

WM 1970 MEXICO

VERARBEITUNG Das seinerzeit ungewöhnliche Design mit 20 weißen hexagonalen und zwölf schwarzen pentagonalen Panels aus hochwertigem Leder, die von Hand verarbeitet und vernäht wurden, war eine Sensation, wenngleich es bereits aus den späten 1950er-Jahren stammte. Ausgehend von einem archimedischen Körper, dem sogenannten Ikosaederstumpf, sowie einem Konzept des amerikanischen Architekten Richard Buckminster Fuller entwickelte der ehemalige dänische Nationaltorwart Eigil Nielsen diese Ballstruktur, die eine Designikone des 20. Jahrhunderts werden sollte. Adidas verwendete Nielsens Design bei dem Telstar und überzog den Ball mit einer speziellen Polyurethan-Beschichtung, die besonders wasserabweisend war und für einen besseren Schutz gegen Beschädigungen sorgte.

FAKTEN Vor der WM in Mexiko fand eine weitere kleine Revolution statt. Nachdem die Firma Adidas 1968 erfolgreich die Bälle für die Fußball-EM und die Olympischen Sommerspiele in Mexiko bereitgestellt hatte, entschied die FIFA ein Jahr vor der WM, künftig nicht mehr dem Gastgeberland die Herstellung der Spielbälle anzuvertrauen, sondern der Firma aus Herzogenaurach. Der Name „Telstar" vereint die Begriffe „Television" und „Star" und sollte zugleich auf den Satelliten gleichen Namens verweisen, mit dem die Übertragung der Weltmeisterschaft möglich gemacht wurde. Das fleckige Design gewährleistete zudem, dass der Ball sowohl auf Farb- als auch auf Schwarz-Weiß-Fernsehern gut zu erkennen war. Einer der beiden Ersatzbälle von Adidas, das komplett orangefarbene Modell Chile, kam zwar bei der WM zum Einsatz, wurde aber nie auf den Markt gebracht und ist daher der rarste und wertvollste aller Adidas-Bälle.

GESCHICHTE

Kurz bevor eines der legendärsten WM-Spiele aller Zeiten, das Halbfinale zwischen Deutschland und Italien angepfiffen wurde, nahm ein Mitglied des WM-Organisationskomitees den Ball an sich, mit dem sich die deutsche Elf aufgewärmt hatte. Der Mann gab den Telstar nur Minuten später einem Journalisten namens Carlos Garcia, der ihn wiederum seinem Neffen zum Geschenk machte. Im Jahr 2007 veräußerte Garcias Neffe den Fußball schließlich für erstaunliche 3.000 US-Dollar. Der Käufer hieß Alfonso Larena und stammte aus dem mexikanischen Ort Guadalajara. Larena dürfte somit im Besitz des einzigen original Spielballs der WM 1970 sein. In jedem Fall gehört ihm der Einzige, dessen Herkunft geklärt ist.

Abb. S. 41: Unter Sammlern als teuerster Adidas-Ball gehandelt: Der Telstar von 1970

Der Italiener Giacinto Facchetti und der Brasilianer Carlos Alberto tauschen vor dem Finale die Wimpel

Deutschland und Italien vor dem „Jahrhundertspiel"

Tricolore-Elast-Version des Adidas Telstar von 1970

Pele bejubelt eines der Finaltore Brasiliens

TELSTAR
OFFICIAL WORLDCUP MEXICO
OFFICIAL WORLDCUP MEXICO
DURLAST
adi
das
MADE
SPAIN

TELSTAR DURLAST

WM 1974 DEUTSCHLAND

VERARBEITUNG Neu bei dieser Weltmeisterschaft war, dass der alte Ball der neue war, die Veränderung, dass an der Beschaffenheit des Balles nichts verändert wurde. Denn aufgrund des Erfolgs des Telstar bei der EM 1968 und bei der WM 1970 entwickelte Adidas keinen grundlegend neuen Fußball. Verarbeitung, Design und sogar der Name des Spielgeräts blieben erhalten, die Verantwortlichen nahmen lediglich kleine Modifikationen vor. Die Polyurethan-Beschichtung der Telstar-Reinkarnation wurde etwas dicker aufgetragen, die Kugel war dadurch noch wasserresistenter und glänzte heller als ihre Vorgänger. Auch der Aufdruck, der nun schwarz und nicht mehr golden war, hielt dadurch deutlich länger.

FAKTEN Die neue Vormachtstellung von Adidas als WM-Ausrüster führte auch dazu, dass die FIFA nun den Einsatz bedruckter Bälle auch während der Spiele zuließ. Der Sportartikelhersteller flankierte die Fernseh- und Stadienpräsenz seines Telstar durch reichlich Printwerbung, was sich direkt in den Verkaufszahlen des Balls niederschlug.

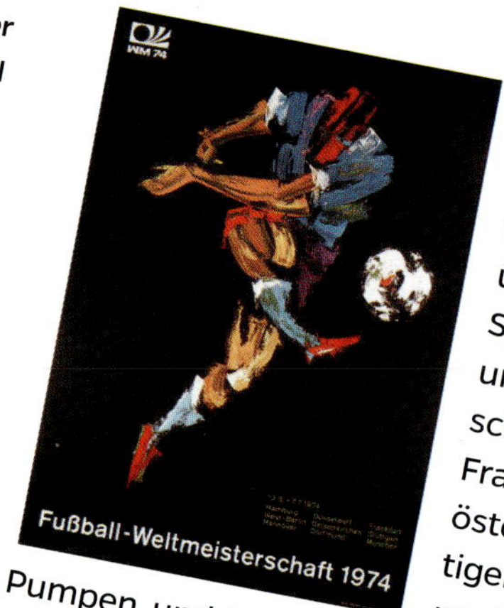

GESCHICHTE

Eine Prüfung der besonderen Art musste der wasserabweisende Ball von Adidas am 3. Juli 1974 im wahrsten Sinne der Worte über sich ergehen lassen. Ein heftiger Wolkenbruch hatte das Spielfeld des Frankfurter Waldstadions unter Wasser gesetzt und den Rasen eigentlich unbespielbar gemacht. Die Partie zwischen Polen und Deutschland, welche als „Wasserschlacht von Frankfurt" in die Geschichte eingehen sollte, wurde von dem österreichischen Schiedsrichter Erich Linemayr mit 30-minütiger Verspätung angepfiffen, nachdem die Feuerwehr mit Pumpen und Walzen versucht hatte, den Platz von den Wassermassen zu befreien. Eine Verschiebung war allein wegen des engen Zeitplans des Turniers nicht möglich. Als Linemayr schließlich abpfiff, wurde der Ball, wie schon bei vorherigen Turnieren, ohne dass es jemand mitbekam, stibitzt. Jedoch war es ausnahmsweise kein Spieler, Trainer oder Betreuer, der sich den Ball unter den Nagel riss und mit nach Hause nahm, sondern Linemayr selbst.

Abb. S. 44, 45: Adidas Chile Durlast und Apollo Durlast, weitere Modelle der WM 1974

Bei der Olympiade 1972 im Einsatz: Der gelbe Telstar

Gerd Müller erzielt den Siegtreffer im Endspiel

WM-Spiel unter Wasser: Deutschland gegen Polen

TELSTAR
durlast®
official
world cup
1974
official
world cup
1974
adi das®
made in france

CHILE
durlast®
official
world cup
1974
official
world cup
1974
adi das®
made in france

APOLLO
durlast®
official
world cup
1974
official
world cup
1974
adidas®
made in france

NASL

AMERIKANISCHE LIGA

VERARBEITUNG Rein technisch gesehen zeichnete den nach der North American Soccer League benannten NASL-Ball nichts Neues oder Besonderes aus. Er glich dem Telstar, war von Hand vernäht, verfügte über 32 Panels und den bereits bekannten Durlast-Überzug. Wie die anderen Adidas-Modelle der 70er-Jahre wurde auch der NASL-Ball in Frankreich produziert.

FAKTEN Fast hundert Jahre, nachdem in Europa die ersten Fußballclubs gegründet worden waren, wagte man sich auch im von einigen anderen Sportarten dominierten Amerika an eine Professionalisierung des Fußballs, mit dem Ziel, ihn massentauglich zu machen. 1967 entstanden zunächst zwei Ligen, die United Soccer Association und die National Professional Soccer League, die nach nur einem Jahr in der NASL verschmolzen. Ihre wohl bekanntesten Stars waren Mitte bis Ende der 70er Jahre der Brasilianer Pele und der Deutsche Franz Beckenbauer, die beide für den Verein New York Cosmos aufliefen. Auch wenn sich längst auch junge, außerordentlich talentierte Fußballer in der heutigen NASL tummeln, hat die Liga den Ruf der „Operetten-Liga", in die europäischen Stars im Herbst ihrer Karriere wechseln, um noch einmal richtig viel Geld zu kassieren, nie ganz verloren.

GESCHICHTE

Um Fußball als neuen Breitensport neben Basketball, Baseball und Football zu etablieren, versuchte man in den USA vor allem optische Reizpunkte zu setzen. Dass bei Fußballspielen relativ wenig Tore fallen, es aber trotzdem spannende Partien geben kann, war dem amerikanischen Publikum nur schwer verständlich zu machen. Folglich musste für die junge Liga ein Spielgerät her, dass so verlockend war, dass gerade der Nachwuchs allein seinetwegen die Fußballschuhe schnüren und auch zu den Ligaspielen gehen möchte. Mehr als sechs Monate lang brüteten Entwickler und Manager aus vier Ländern über einem Balldesign, welches sofort ins Auge springen, aber auch die beiden an der Liga beteiligten Staaten USA und Kanada grafisch repräsentieren sollte. Zudem war man darauf bedacht, etwas Eigenständiges zu bieten, das sich abhebt von den zu jener Zeit üblichen schwarz-weißen Bällen europäischer Prägung. Nach Versuchen mit Streifen, verschiedenen Flächenformen, schwimmenden Sternen, Kreuzmustern und kanadischen Ahornblättersymbolen entschied man sich für die Variante mit roten Sternen auf blauem Grund.

Franz Beckenbauer

Flankiert wurde der Einsatz des Balles in der Liga mit Anzeigen, in denen z. B. Franz Beckenbauer auftauchte, man auf das Renommee des Herstellers Adidas verwies, oder aber, wie im Fall der Kunststoffversion des NASL-Balles, gar auf der Rückseite der Produktverpackung in epischer Breite die Regeln des Sports erklärte.

Pelé

NASL-Ball aus Gummi

official
NASL®
made
exclusively by
adidas®
made in france
Star Ball Design
Reg-US Pat-&TM OFF

TANGO DURLAST

WM 1978 ARGENTINIEN

VERARBEITUNG Rindsleder mit Latex-Blase, Ventil und Polyurethan-Beschichtung. Bei der Produktion des Tango Durlast vertraute man dem bewährten, als extrem gleichmäßig rund gepriesenen 32-Panel-Ball mit seinen mit reißfesten Nylonfäden vernähten hexagonalen und pentagonalen Teilen. Für das Turnier in Argentinien wurde lediglich dass Gewicht des Balls verringert. Bei dem Design jedoch machte Adidas einen deutlichen Schritt Richtung Zukunft. 20 gebogene und deckungsgleiche Triaden auf den hexagonalen Lederstücken ergaben zwölf kleine Kreise auf dem Ball, was einen reizvollen Effekt hatte, wenn dieser in Bewegung war.

FAKTEN Bei der WM in Argentinien kam zum ersten Mal nur ein einziges Modell zum Einsatz. Ein Ersatzball schien nicht mehr benötigt zu werden. Für das Team der Gastgeber fertigte Adidas 60 Bälle mit dem Aufdruck „Tango Durlast – Industria Argentina" an, die zu Trainingszwecken genutzt wurden. Der ansonsten komplett mit dem Original-WM-Ball identische Durlast Argentina kam nur einmal im Spiel Argentinien gegen Brasilien am 18. Juni 1978 in Rosario zum Einsatz. Weltweit wurde der offizielle WM-Ball übrigens aus unerfindlichen Gründen unter dem Namen Tango River Plate verkauft, was seinem kommerziellen Erfolg jedoch keineswegs abträglich war.

GESCHICHTE

Nicht jeder Teilnehmer der Weltmeisterschaft in Argentinien war begeistert von dem neuen Adidas-Ball. Ausgerechnet im deutschen Lager haderte man mit der renovierten Lederkugel, die ja ebenfalls aus Deutschland stammte, auch wenn sie in Frankreich produziert wurde. „Dat Ei springt nich, der liegt wie ne Kugel flau am Boden", urteilte etwa Co-Trainer Jupp Derwall, während Nationaltrainer Helmut Schön maulte: „Der Ball hat kein Leben, wirklich, das ist so, der hat kein Leben." Auch unter den Spielern hielt sich die Begeisterung in Grenzen. Rainer Bonhof klagte, der Ball ließe sich nicht anschneiden, und Klaus Fischer resümierte, er würde mit dem Tango weder mit dem Fuß noch mit dem Kopf „Drall reinkriegen".

Der Zeitpunkt dieses kritischen Befunds ließ freilich weit eher Rückschlüsse auf die Verfassung der deutschen Nationalmannschaft zu als auf die Eigenschaften des Balles, hatten die Trainer und Spieler am Tango doch ausgerechnet nach den WM-Vorbereitungsspielen gegen Brasilien (0:1) und Schweden (1:3) herumgemäkelt. Doch Schön und Derwall hegten nicht nur Zweifel an der Wettkampftauglichkeit des Balles, sondern auch an der ihres Teams, wobei Letzteres durchaus berechtigt war, wie sich in Südamerika zeigen sollte.

Weltmeister Argentinien

Daniel Passarella wird gefeiert

Der Tango River Plate wurde bei der EM 1980 genutzt

Osvaldo Ardiles

Tango
Durlast
adidas
Made in France
Official
World Cup
1978

TANGO ESPANA

WM 1982 SPANIEN

VERARBEITUNG Die Herstellung des Tango España brachte keine maßgeblichen Neuerungen, da der Vorgänger von den allermeisten Kickern sehr geschätzt wurde und auch im Handel und bei den Fans gut angekommen war. Auf ein wichtiges Detail hatte man dennoch sein Augenmerk gerichtet: Die einzelnen Panels waren nicht mehr nur zusammengenäht, sondern auch verschweißt. Dies hatte zur Folge, dass noch weniger Wasser als ohnehin schon in das Innere des Balles dringen konnte und der España daher während eines regenreichen Spiels kaum schwerer wurde. Nicht gefeit war die synthetische Beschichtung des Balles allerdings gegen Risse, sodass es vorkam, dass ein Exemplar im Laufe eines Matches ausgetauscht werden musste.

FAKTEN Zum ersten Mal in der Geschichte der WM-Bälle wurde ein solcher nach dem Gastgeberland benannt. Zusätzlich brachte Adidas eine ganze Tango-Familie heraus, in der jedes Mitglied seine besonderen Eigenschaften und Einsatzgebiete hatte: Der Tango Alicante war der Flutlichtball, den Tango Malaga wählte, wer auf harten Fußballplätzen zu Hause war, und der Tango Indoor war speziell für die Halle entwickelt worden. Die Serie war damit aber keinesfalls vollständig. Folgen sollten die Modelle Roma, Napoli, Munich, Scorpion, Mendoza, Gol, Rosario und Tournoi. Und während verwandte Nachfolger wie der Tango Sevilla oder der Tango Séoul zu den jeweiligen Olympischen Spielen herausgebracht wurden, war die Markteinführung des die Welt im Namen führenden Mundial zur EM 1984 in Frankreich ein etwas kurioser Coup. Korrigiert wurde diese Namenspanne zur EM 1988 mit dem Tango Europa.

GESCHICHTE
Der España sollte bei der WM an einigen denkwürdigen Momenten der WM-Geschichte teilhaben: Ihm jagten alle hinterher während des letzten und für den Einzug ins Halbfinale entscheidenden Zweitrundenspiels zwischen Italien und Brasilien (3:2), das nicht wenige für das dramatischste und beste WM-Spiel aller Zeiten halten; er ließ sich bereitwillig von dem nach zwei Jahren Sperre und einem miserablen Turnierstart zum Torschützenkönig avancierenden Italiener Paolo Rossi ins Tor befördern; er wurde von dem legendären, damals 40-jährigen Torwart Dino Zoff gehalten, der am Ende sogar mit Italien Weltmeister wurde; er ließ sich von dem Ungar Laszlo Kiss für seinen in nur acht Minuten im Match gegen El Salvador (10:1) erzielten Hattrick dreimal hintereinander im gegnerischen Tor versenken; er flog an dem furiosen deutschen Keeper Harald Schumacher vorbei, der im Halbfinale stattdessen den Franzosen Patrick Battiston brutal abräumte und keine Spur von Reue oder Mitgefühl zeigte – und der España erlebte „Die Schande von Cordoba", in der Deutschland und Österreich einen peinlichen Nichtangriffspakt schlossen und so das Schicksal der tapferen Algerier besiegelten, die nach der ambitionslosen Punkteteilung aus dem Turnier flogen.

Abb. S. 51: Auch die Tango-España-Bälle wurden zumeist in Frankreich hergestellt

Der Brasilianer Zico im Spiel gegen Italien

Laszlo Kiss (links)

Winter Edition des Tango España

Paolo Rossi, Italiens Torschützenkönig

Tango
España
Official
World Cup Ball
1982
adidas
Made in Spain

TANGO MUNDIAL
EM 1984 FRANKREICH

VERARBEITUNG Bezüglich der stetigen Verbesserung der Lederbälle musste Adidas Anfang der 80er-Jahre feststellen, dass man hinsichtlich der Wasseraufnahme und der Flexibilität, also der Steifheit der Bälle bei niedrigen Temperaturen, an eine Grenze gestoßen war. Das Naturprodukt Leder war weder unbegrenzt lieferbar noch frei von Qualitätsschwankungen. Zusammen mit Materialherstellern arbeitete das Unternehmen daher an der Entwicklung von Ballmaterialien, die industriell hergestellt werden konnten und für einen Fortschritt in puncto Wasseraufnahme, Sprungverhalten, Steifheit und Abrieb sorgen sollten. Das letzten Endes verwendete Material nannte man Adicron.

FAKTEN Die deutsche und die französische Mannschaft testeten das neu entwickelte Ballmodell ein Jahr vor dem Beginn des Turniers und sie waren sich einig, dass es besser als seine Vorgänger war. Die Abkehr vom Lederball wurde dennoch nicht vollzogen, weil man eine Welle der Empörung aufgrund des Bruchs mit der Tradition befürchtete. Selbst die Trainer Jupp Derwall und Michel Hidalgo warnten davor, die revolutionäre Neuerung öffentlich zu machen. Erst zwei Jahre später sah man eine günstige Gelegenheit zur offiziellen Vorstellung des ersten Nicht-Leder-Balles, da man für die WM auf die klimatischen Bedingungen in Mexiko verweisen konnte, um die Notwendigkeit der Innovation zu erklären und den Traditionsbruch zu rechtfertigen.

GESCHICHTE

Das wichtigste Tor, das bei der EM 1984 mit dem „Tango Mundial" erzielt wurde, war das Werk zweier Kapitäne. Sowohl der herausragende Spieler als auch der größte Pechvogel des Turniers, der an jenem Tag eigentlich seine Laufbahn krönen wollte, waren beteiligt. Beim Stand von 0:0 trat im Finale zwischen Frankreich und Spanien der Edeltechniker Michel Platini in der 57. Minute zum Freistoß an. Seinen gut geschossenen, jedoch keineswegs unhaltbaren Schuss in die lange Ecke parierte der Torhüter Luis Arconada. Zumindest dachten dies Spieler und Zuschauer, bis sie sahen, dass dem erfahrenen spanischen Keeper die Kugel unter seinen Armen hindurch ins eigene Tor glitt. Das Spiel endete mit einem nach einem Konter in der Schlussminute erzielten blitzsauberen Tor des französischen Stürmers Bruno Bellone, der sein Team damit endgültig zum Titel schoss.

Wie stark Mittefeldstar Platini nicht nur den Ball, sondern auch sein Team und das gesamte Turnier beherrschte, zeigt ein Blick auf die Torschützenliste der EM. Während Spieler wie Rudi Völler mit zwei Treffern oder der Däne Frank Arnesen als zweitbester Schütze der Endrunde ganze drei Mal den Ball im gegnerischen Kasten versenkten, sicherte sich Platini den Titel des besten Torjägers mit neun Treffern. In der Folge kürte man den späteren UEFA-Präsidenten zu Europas Fußballer des Jahres und zum Weltfußballer. Bemerkenswert ist dabei, dass man auf nationaler Ebene seinen Kollegen Jean Tigana zu Frankreichs Fußballer des Jahres 1984 wählte. Platinis neun Tore sind bis heute* ein unerreichter Wert bei einer EM! *Stand: Dezember 2015

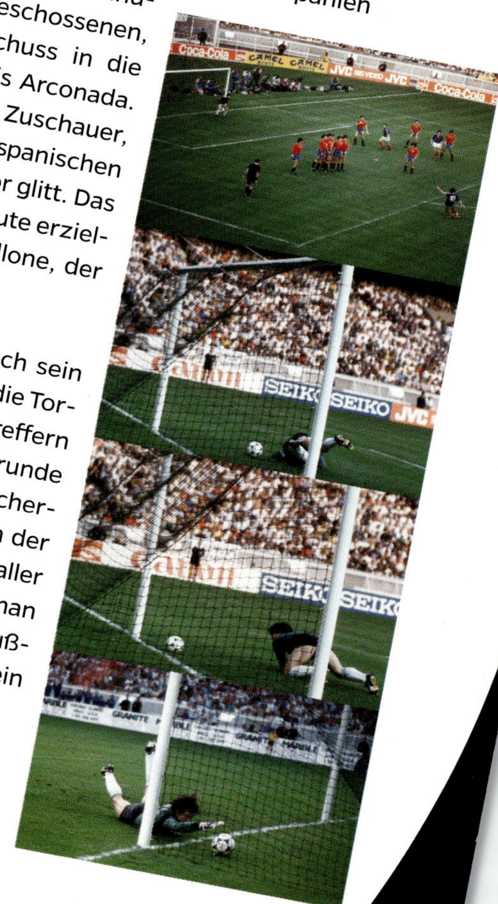

Abb. S. 53: Der Tango Mundial war der erste EM-Ball mit einem dem Turnier gewidmetem Aufdruck

Tango Mundial Jubiläumsball, 2004

Tango
Mundial
Official Ball
of the European
Football
Championship 84
Ballon Officiel
Championnat d'Europe
de Football 84
adidas

AZTECA MÉXICO

WM 1986 MEXIKO

VERARBEITUNG Der Lederball war mit der WM in Mexiko Geschichte. Der Azteca México wurde aus rein synthetischen Materialien hergestellt, eine Beeinträchtigung durch Wasser war damit im Grunde ausgeschlossen. Unter einer äußeren Polyurethan-Schicht befanden sich drei komplementäre Kunststoffschichten aus Adicron. Das neue Material sorgte dafür, dass der Ball unmittelbar nach einem Schuss wieder seine Originalform annahm und ihm weder die extremen Höhen der Stadien in Mexiko noch Kratzer oder Regen etwas anhaben konnten. Masse und Spielbarkeit blieben stets gleich. Optisch wiederholte man das Triaden-Design, welches für das Turnier das Muster einer aztekischen Mauer erhielt.

FAKTEN Der Azteca México war der erste WM-Ball, der durch Name und Aussehen das Gastgeberland repräsentierte. Vor allem aber übertraf er all seine ledernen Vorgänger in Bezug auf die Strapazierfähigkeit, den Schutz vor Wasser und die Manövrierbarkeit. Wer heutzutage meint, auf einen echten Spielball der WM 1986 gestoßen zu sein, sollte Folgendes prüfen: Zum einen muss der Ball als Aufdruck den korrekten Namen „Azteca México" tragen – und zwar mit dem Akzent auf dem E. Des Weiteren sind nur jene Bälle echt, auf denen in Großbuchstaben „MADE IN FRANCE" unter dem Adidas-Logo steht.

GESCHICHTE Ein Spieler liebte den WM-Ball besonders und dieser ihn: Diego Maradona. Mit dem Azteca México schoss er zwei der berühmtesten WM-Tore aller Zeiten. Im WM-Viertelfinale Argentinien gegen England war es zunächst nicht Maradonas Kopf, sondern seine Hand, mit der er das 1:0 erzielte (er selbst sprach später von der „Hand Gottes"), bevor er nach einem 60-Meter-Solo das regelkonforme 2:0 erzielte. Dieser Treffer wurde in einer von der FIFA durchgeführten Internetabstimmung zum WM-Tor des Jahrhunderts gewählt.

Mit einem hervorragenden Teamgeist, einem Maradona in Topform und einem extrem akribischen Trainer Carlos Bilardo sicherte sich die argentinische Elf im Finale gegen Deutschland nach 2:0-Führung, zwischenzeitlichem 2:2-Ausgleich und dem 3:2 kurz vor Schluss durch Jorge Burruchaga den WM-Sieg. Die Freude aufseiten der Sieger war grenzenlos. Doch ausgerechnet Trainer Bilardo schnaubte vor Wut und schnauzte Burruchaga nach dem Abpfiff an. Als dieser ihn erstaunt fragte, wieso er sich nicht freue, entgegnete der Coach: „Es kann nicht angehen, dass die Deutschen zwei Tore nach Standardsituationen gegen uns erzielt haben."

v.o.n.u:
Torschütze Jose Luis Brown freut sich mit Burruchaga

Maradona im Zweikampf mit Lothar Matthäus

Maradonas Jahrhundert-Tor

Die Winter-Version des Adidas Azteca

azteca
Mexico
Official
World Cup Ball
1986
Oficial
del Mundo
1986
adidas
Made in Spain

ETRUSCO UNICO

WM 1990 ITALIEN

VERARBEITUNG Die Evolutionsstufe der Adidas-WM-Bälle war für den Laien am Etrusco Unico nicht mehr abzulesen. Konnte man bei früheren Turnierbällen am Hersteller, an der Anzahl der Panels oder am Design deutlich eine Entwicklung erkennen, musste man 1990 schon genau auf die aufgedruckten Triaden schauen, um Unterschiede auszumachen. Dort waren drei etruskische Löwenköpfe zu sehen, die eine Hommage an das antike Volk der Gastgeber sein sollten. Die eigentliche Neuerung befand sich aber im Inneren der Bälle. Eine Schicht aus schwarzem Polyurethan-Schaum sorgte dafür, dass kein einziger Tropfen Wasser mehr ins Innere gelangte. Von außen schützte den Ball eine Schicht aus Latex. Ein Etrusco wurde mit sage und schreibe 1800 Knoten aus einem 18 Meter langen Kunststofffaden genäht – und zwar immer noch von Hand.

FAKTEN Dem Etrusco Unico wurde nachgesagt, dass er eine höhere Schussgeschwindigkeit ermögliche und sich mit ihm generell besser spielen ließe. Adidas bot zu dem offiziellen WM-Ball auch Fußballschuhe mit dem Etrusker-Design an. Der Ball kam auch zwei Jahre nach der WM bei der Europameisterschaft in Schweden und bei den Olympischen Spielen in Barcelona zum Einsatz.

GESCHICHTE

Für den Weltmeister Deutschland fanden die entscheidenden Szenen bei der WM 1990 ganz ohne Beteiligung des Etrusco statt. Der Holländer Frank Rijkaard spuckte Rudi Völler im Achtelfinale an, als der Ball gar nicht in der Nähe war, Guido Buchwald schirmte im Finale Superstar Diego Maradona gekonnt vom Ball ab und Teamchef Franz Beckenbauer schlenderte (ebenfalls ohne Ball) nach dem Endspieltriumph gedankenverloren und mutterseelenallein über den Rasen in Rom – ein Bild, das später mindestens ebenso oft gezeigt wurde wie der entscheidende Elfmeter im Finale, den Andreas Brehme verwandelte.

Ausschließlich gute Erinnerungen an den WM-Ball werden zudem der damals 38-jährige Überraschungsstar Roger Milla aus Kamerun haben, der kleine Italiener Salvatore „Totò“ Schillaci, der aus der Versenkung der zweiten italienischen Liga binnen kürzester Zeit zum WM-Torschützenkönig aufstieg, und natürlich Lothar Matthäus, der mit seinem Sololauf über den halben Platz mit anschließendem Tor zum 3:1 den Grundstein für den späteren WM-Triumph legte und in seiner Heimat dafür die Auszeichnung „Tor des Jahres“ verliehen bekam. Die erwähnte hohe Schussgeschwindigkeit des Balles ließ sich zumindest an diesem Treffer bestens ablesen.

Abb. S. 57: Anders als dieser hatten die Original-Etrusco-Spielbälle den Aufdruck „Made in France“

Roger Milla beim 1:0 über Argentinien

Der Etrusco kam bei der WM 1990 und der EM 1992 zum Einsatz

Weltmeister Deutschland

ETRUSCO
UNICO
HUMEDECER LA AGUJA
PRESION 0.9-1.1 BAR
OFFICIAL BALL
OF THE FIFA
WORLD CUP
1990
adidas
Made in Spain

QUESTRA

WM 1994 USA

VERARBEITUNG Wenn man Berichte über die Produktion und das Material des Questra liest, könnte man meinen, es handele sich um eine Abhandlung über Crash Test Dummies und nicht um die Beschreibung eines simplen Fußballs: Außen war der Ball mit einer Hightech-Schicht aus weißem Polyethylen überzogen, also einer Kunststoffschicht mit außergewöhnlich hoher Energierückgabe. Darunter befand sich eine geschäumte und kompressionsfähige Lage, der bei Kopfbällen eine stoßdämpfende Wirkung nachgesagt wurde. Mehr Rücksicht auf das eigene Wohlbefinden bei Ballannahme und -abgabe konnte kein Spieler verlangen.

FAKTEN Die moderne Verarbeitung des WM-Balles konterkarierte der altertümlich anmutende Name Questra, der die englische Phrase „Quest for the stars" (dt.: Griff nach den Sternen) in einem Kunstwort zusammenfasste. Diese sowohl den erfolgreichen Jahren der US-Raumfahrt gewidmeten als auch als programmatische Aufforderung an die Spieler zu verstehende Bezeichnung übersetzte man bildhaft mit glitzernden Sternen und Planeten, die in das traditionelle Triaden-Design integriert wurden. In etwas abgewandelter Form kam der Questra zwei Jahre später bei der EM in England zum Einsatz.

GESCHICHTE

Die FIFA hatte nach der Weltmeisterschaft 1990 in Italien eine große Sorge. Das kommende Turnier würde in den USA stattfinden und somit in einem Land, in dem Fußball zu jenem Zeitpunkt in etwa so populär war wie Volleyball. Zudem war das US-Publikum Sportarten mit hoher Trefferquote und großem Spektakel gewohnt. In Anbetracht der mageren 115 Tore, welche zum Ende der WM 1990 in 52 Spielen zu Buche schlugen (2,2 Tore pro Match), stellte diese Entwicklung ein Risiko dar. Die Rechnung war denkbar einfach: Je weniger Tore, desto weniger Fernsehzuschauer, und je weniger Fernsehzuschauer, desto weniger Werbeeinnahmen. Nachdem eher kuriose Vorschläge wie die Vergrößerung der Tore verworfen wurden, versprach sich die FIFA die Lösung des Problems von einer entsprechenden Modifikation des Balles. Man bat Adidas, die Beschaffenheit des Spielgeräts so zu optimieren, dass der Torflaute beizukommen war. Der Ansatz des Sportartikelherstellers war es, einen leichteren Ball zu konzipieren, der den Füßen der technisch versierten Spieler mehr schmeicheln und auf die Tricks und Geniestreiche der Kicker besser reagieren sollte. In einem französischen Zentrum für Ballentwicklung experimentierte man mit diversen Materialien, bis die richtige Mischung für den Questra gefunden war. Was zunächst nicht mehr als eine gewagte Idee gewesen war, zeigte bei der Endrunde in den USA durchaus Wirkung. Schon in den ersten Spielen zeichnete sich ab, dass mehr und vor allem spektakulärere Tore fielen. Techniker wie der rumänische Kapitän Hagi, der Brasilianer Romário oder der Argentinier Batistuta zeigten mit dem veränderten Ball fantastische Dinge und schossen aufsehenerregende Tore. Die Leidtragenden waren die Torhüter, denen die Spielgeräte deutlich unberechenbarer um die Ohren flogen.

Gheorghe Hagi

Im Finale spielte sich jenseits des Elfmeterschießens zwischen Brasilien und Italien noch ein weiteres, für die Zuschauer unsichtbares Drama ab. Schiedsrichter Sándor Puhl hatte bereits während die Spieler ihre Strafstöße schossen damit geliebäugelt, sich im Anschluss das historische Spielgerät zu sichern. Als der Italiener Roberto Baggio schließlich den entscheidenden Ball über das Tor in die Menge drosch, sah der Unparteiische seinen Wunsch in Luft aufgelöst. Niemals würden die Zuschauer das kostbare Relikt wieder hergeben. Doch der Questra war mitten in eine Menge jubelnder Brasilianer geraten, die derart euphorisch den Titel feierten, dass sie vor lauter Freude den Ball wieder aufs Feld kickten. Puhl schnappte sich den Questra geistesgegenwärtig und nahm ihn später mit nach Hause.

Sándor Puhl, Schiedsrichter des WM-Endspiels 1994 mit dem Final-Ball

Abb. S. 59: Der Original Questra-WM-Endspiel-Ball, den Roberto Baggio übers Tor schoss
Abb. S. 60: Der Questra Olympia mit symbolischen Flammen
Abb. S. 61: Der erste farbige EM-Ball und der letzte mit dem Tango-Design

QUESTRA
OFFICIAL MATCH
BALL OF THE
FIFA WORLD CUP
1994
adidas
MADE IN FRANCE

questra
europa
OFFICIAL
MATCH BALL
UEFA
EURO
CHAMPIONSHIP
© UEFA 1995
1996
adidas
Made in Spain

questra
olympia
adidas
Made in Spain
FIFA
APPROVED
202.L5E

TRICOLORE
WM 1998 FRANKREICH

VERARBEITUNG Unter der Oberfläche spendierte Adidas dem immer noch von Hand vernähten Ball Tricolore für die WM 1998 eine syntaktische Schaumfüllung und außen zum ersten Mal Farbe. Dem Gastgeber Frankreich trug man durch die Verwendung seiner Nationalfarben Rechnung, indem man das Triaden-Muster blau, rot, weiß färbte, und durch die abstrakte Grafik des Gallischen Hahns. Ausgerechnet dieser WM-Ball wurde jedoch nicht mehr in Frankreich produziert, sondern nach langer Zeit wieder außerhalb Europas. Die WM-Bälle wurden nun in Marokko, Indonesien und Tunesien produziert. Der Schaum sorgte mit seinen verschlossenen und mit Gas gefüllten Mikrobällen für eine äußerst kräftige Struktur, gleichzeitig aber auch dafür, dass die Bläschen die Aufprallenergie gleichmäßiger verteilten. Adidas versprach sich davon einen robusteren, schnelleren Ball, der präzisere Schüsse ermöglicht. Auch heutzutage wird der syntaktische Schaum noch verwendet, wenn auch in weiterentwickelter Form.

FAKTEN Nach zwanzig Jahren war der Tricolore der letzte WM-Ball, der das alte Tango-Design zeigte. Mit ihm durften zum ersten Mal bei einer WM 32 Nationalmannschaften auf Torejagd gehen.

Davor Šuker (Kroatien)

GESCHICHTE

Hätte bei dieser WM jemand den Endspielball entwenden wollen, um ein fußballhistorisches Unikat zu ergattern, wäre er bitter enttäuscht worden. 1998 gab es zum ersten Mal nicht nur einen Finalball, sondern gleich elf. Außer dem, mit dem angestoßen wurde, hatte auch jeder der zehn Balljungen ein Exemplar. Hinter dieser Änderung steckte die Absicht, das Spiel dadurch schneller zu machen. Eine simple, aber sehr wirkungsvolle Idee, die heutzutage längst auch in niedrigeren Ligen gang und gäbe ist.

Die bemerkenswertesten Geschichten dieses Turniers wurden von drei offensiven Spielern geschrieben. Der Kroate Davor Šuker wurde mit sechs Treffern Torschützenkönig des Turniers und unterstrich damit, dass er auf dem Höhepunkt seiner fußballerischen Schaffenskraft war. Ihm ebenbürtig erschienen lediglich der Franzose Zinédine Zidane, der zwar nur zweimal traf, dafür aber seine beiden historischen Tore im Endspiel erzielte, und der Brasilianer Ronaldo, der zweifellos die schillerndste Figur der Weltmeisterschaft war. Es waren vor allem die Umstände, die zu Ronaldos Endspielteilnahme führten, die einige Fragen aufwarfen. Zunächst stand der während des Turniers mit Kniebeschwerden kämpfende Ronaldo nicht einmal auf dem Spielbogen der Brasilianer, um am Ende, als wäre nie etwas anderes vorstellbar gewesen, doch aufzulaufen. Sein lethargischer Auftritt im Finale führte zu Spekulationen, der Sponsor Nike habe Druck ausgeübt, dass der Stürmer auflaufen müsse, wie und in welcher Verfassung auch immer. Wie sich im Nachhinein herausstellte, hatte der Star nachmittags im Hotel einen Anfall erlitten, was ihn aber nicht davon abhielt, dennoch zu spielen. Die Verunsicherung in der brasilianischen Mannschaft war während des Endspiels deutlich zu spüren – und Frankreich letztlich viel zu stark, um an diesem Tag zu verlieren. Auch wenn sein letzter Einsatz bei der WM sicher nicht sein bester war, wurde Ronaldo zum besten Spieler des Turniers gewählt.

Abb. S. 63: Der erste farbige WM-Ball und der letzte mit dem Tango-Design

Bebeto und ein mitgenommener Ronaldo beim Anstoß

Tricolore
OFFICIAL
MATCH BALL
OF THE
FIFA WORLD CUP
1998
adidas
EQUIPMENT

ICON

WM DER FRAUEN 1999 USA

VERARBEITUNG Große Gelegenheiten oder viel Zeit, etwas am Spielball zu verändern hatte man beim Tango Icon nicht. Der Ball war ein Duplikat des Spielballs der Männer-WM aus dem Vorjahr. Lediglich das Design wurde dem aktuellen Großereignis angepasst. Der Name verweist auf die grafischen Sinnbilder, die die acht amerikanischen Städte repräsentieren, in denen 1999 die Endrundenspiele ausgetragen wurden. So zeigten die einzelnen Triaden unter anderem Ausschnitte bekannter Bauwerke der Austragungsorte San Jose, San Francisco, Portland, Los Angeles, Chicago, New York, Boston und Washington. Darunter waren die Freiheitsstatue, die Golden Gate Bridge oder das Kapitol. Bezug nehmend auf die amerikanische Flagge zierten im Hintergrund viele kleine Sterne den Ball.

FAKTEN Der Icon unterstrich, welcher Stellenwert dem Frauenfußball im Jahr 1999 beigemessen wurde. Schließlich war es der erste Ball in der Geschichte des Fußballs, der speziell für eine Frauen-WM hergestellt wurde. Zugleich spiegelt diese Neuerung aber auch das große Interesse wider, auf das das Turnier in Amerika stieß. Während die amerikanischen Spielerinnen nach dem Gewinn ihres WM-Titels 1991 noch die Nachricht von ihrem Sieg in die Heimat faxen mussten – selbst Verwandte nicht wussten, dass die USA überhaupt ein Fußball-Team hatten – und zum Empfang der heimkehrenden Weltmeisterinnen lediglich vier Personen gekommen waren, änderte die US-Goldmedaille bei den Olympischen Spielen 1996 einiges. Und so waren die Stadien 1999 gut besucht und das Endspiel verfolgten 40 Millionen Menschen am Fernseher, ein bis heute bestehender Rekord für das Frauensportevent mit den meisten TV-Zuschauern.

Oben: Sissi, unten: Sun Wen

GESCHICHTE

Sun Wen und Sissi. Was wie der Titel eines bizarren Märchens klingt, sind tatsächlich bloß die Namen der beiden erfolgreichsten Torjägerinnen der Frauen-WM 1999. Die Chinesin Sun Wen ist unbestritten eine Ikone des chinesischen Fußballs. Bis zum Jahr 2006 trat sie 166 Mal für ihr Land an und wurde 1999 zur Spielerin des Turniers gewählt. Mit sieben erzielten Toren war sie in der Endrunde genauso erfolgreich wie die brasilianische Stürmerin, die auf den wenig brasilianischen Namen Sissi hört, der jedoch lediglich eine Verniedlichung von Sisleide do Amor Lima ist.

Den Turniersieg trug jedoch weder Sun Wens noch Sissis Team davon. Die Gastgeberinnen aus den USA sicherten sich den Titel gegen die Chinesinnen im Elfmeterschießen. Besonders schlechte Erinnerungen an den Icon-Ball wird dabei die Chinesin Liu Ying haben, die als einzige der nominierten Schützinnen ihren Elfer verschoss.

Abb. S. 65: Der Adidas ICON mit den repräsentativen Paneelen

Das Weltmeisterinnen-Team aus den USA.

Variante des ICON, die bei der WM 1999 jedoch keine Verwendung fand

ICON
OFFICIAL
MATCH BALL
OF THE FIFA
WOMEN'S
WORLD CUP
1999
adidas
EQUIPMENT

NIKE 800 GEO
CHAMPIONS LEAGUE 1999

VERARBEITUNG Eine besondere Technologie sollte bei dem 800 Geo dafür sorgen, dass sich der Druck bei Schüssen gleichmäßig im Ball verteilt und die Flugbahn möglichst gleichmäßig ist. Die Blase im Inneren bestand aus Naturlatex, und ein sogenanntes Nike AirBlock2-System war dafür zuständig, den Luftverlust während eines Spiels zu minimieren. Obwohl er über eine glatte Außenhaut verfügte, wurde dem Nike Geo im Verhältnis zur Konkurrenz eine passable Griffigkeit attestiert.

FAKTEN Der Nike 800 Geo ist vermutlich einer der rarsten und wertvollsten Champions-League-Bälle. Da zu seiner Zeit eigentlich nur für die großen Turniere der Nationalmannschaften spezielle Fußbälle entwickelt wurden, dürfte er einer der ältesten, einem Club-Wettbewerb gewidmeten Bälle sein. Zwar sollte Adidas wenige Jahre später auch die Champions League mit jährlich neu gestalteten Fußbällen versorgen, doch im Jahr 1999 stellte noch die Firma Nike das Spielgerät. Nur drei Spielzeiten lang konnte sich Nike als Hersteller der Champions-League-Bälle behaupten. Der 800 Geo markierte für Nike dennoch so etwas wie den Beginn einer neuen Ära. Vor der Saison 1996/1997 spielte man in den großen Ligen so gut wie keine Rolle, was sich mit dem NK 350 Geo, der in der spanischen Liga zum Einsatz kam, änderte. Den ersten großen Coup stellte jedoch der Champions-League-Ball 1999 dar, gefolgt von dem Nike Geo Merlin, mit dem in der englischen Premier League in der Saison 2000/2001 gespielt wurde.

David Beckham

GESCHICHTE

Lange bevor Bayern München ihr „Drama dahoam" (die Champions-League-Final-Niederlage 2012 im heimischen Stadion) erlebte, gab es eine ähnlich dramatische Endspielschlappe in Barcelona gegen das Team von Manchester United. Was lange Zeit wie ein spannendes, gutes, aber durchaus übliches Endspiel der Champions League anmutete, wurde in den letzten zwei Minuten der Nachspielzeit zu einem unglaublichen Krimi. Die Mannschaft von Bayern München war früh in der sechsten Minute durch Mario Basler in Führung gegangen und spielte sehr gut und konzentriert, während Manchester, das den Rest der Saison außerordentlich dominant aufgetreten war, weniger überzeugend als sonst agierte. Der Münchener Stürmer Carsten Jancker hätte den Nike Geo spektakulär per Fallrückzieher im Tor unterbringen können, doch landete sein artistischer Schuss nur an der Latte.

Und dennoch deutete schon alles auf einen Triumph der Bayern hin, als ausgerechnet die beiden Einwechselspieler Teddy Sheringham und Ole Gunnar Solskjær in der Nachspielzeit nach zwei von David Beckham getretenen Ecken Tore für Manchester erzielten, durch die das Spiel gedreht und der vermeintlich sichere Gewinner zum Verlierer wurde.

Abb. S. 67: Ein Nike NK 800 Geo wurde im Finale der Champions League 1999 eingesetzt

Mario Basler trifft per Freistoß zum 1:0

Champions-League-Ball vor der Adidas Ära: Der Nike Geo Merlin Vapor

Teddy Sheringham schießt das 2:1

UEFA
CHAMPIONS
LEAGUE
NK
800
GEO
MEETS OR EXCEEDS
INTERNATIONAL
MATCHBALL
STANDARDS
TESTED BY SGS
UNITED KINGDOM
LTD. WEMBLEY
5
SUITABLE FOR
ALL CONDITIONS
ONE YEAR
STITCHING
AND SHAPE
GUARANTEE

MLS

2000er JAHRE

VERARBEITUNG/FAKTEN

Die Beschaffenheit des Balles war in den Anfangsjahren der MLS allenfalls so wichtig wie die Trikotfarbe des Tabellenletzten. Man versuchte seitens des Verbands einen vorteilhaften Deal mit einem Ausstatter abzuschließen und vertraute darauf, dass dieser das jeweils aktuelle Spielgerät, das in bedeutenderen Ligen eingesetzt wurde, auch für die Spiele in die US-Stadien liefern würde. So handelte es sich zum Beispiel bei dem Mitre Ultimax – ein etwas kleinerer, schwererer Ball als vergleichbare aus jener Zeit – um das Modell, mit dem auch in der Premier League gespielt wurde. Dass die amerikanische Liga richtig populär werden würde, hat man in früherer Zeit wohl nicht für sehr wahrscheinlich gehalten, weswegen die Ausrüsterverträge eher kurze Laufzeiten hatten. Die Bälle lieferte bis zum Jahr 2000 die Firma Mitre, in den beiden darauffolgenden Jahren Kappa und ab der Saison 2002/2003 übernahm Puma diese Aufgabe. Mittlerweile hat Adidas das Zepter übernommen und beliefert die MLS mit den jeweils modernsten Bällen.

Schiedsrichter Terry Vaughn und Kollegen mit dem Puma-Ball

GESCHICHTE

Als die Major League Soccer (MLS) noch in den Kinderschuhen steckte, waren ihre Strukturen und sogar das Regelwerk des nordamerikanischen Fußballs ständigen Änderungen unterworfen. Man verschob den Start der Liga, änderte die Anzahl der teilnehmenden Klubs und bastelte sogar an den offiziellen Regeln herum, um die amerikanischen Zuschauer für den Sport zu begeistern. Zusätzlich wurden Stars wie der Kolumbianer Carlos Valderrama (Tampa Bay Mutiny), das US-Eigengewächs Alexis Lalas (New England Revolution) oder der Deutsche Lothar Matthäus (New York/New Jersey MetroStars) mit gut dotierten Verträgen gelockt, weil man hoffte, dass deren Glanz ein wenig auf die Liga abfärben würde.

Richard Mulrooney wurde 2001 mit den San Jose Earthquakes Meister der MLS

Aus heutiger Sicht kann man konstatieren, dass sich all diese Anstrengungen, die unternommen wurden, um die Wahrnehmung des Sports in den Vereinigten Staaten positiv zu verändern, gelohnt haben, denn Fußball wurde in den USA von Jahr zu Jahr populärer. Spätestens mit der Ankunft von David Beckham im Sommer 2007 drehte sich der Wind. Die Liga florierte wirtschaftlich und sportlich, die Nachfrage nach Tickets stieg enorm an, die TV-Rechte waren begehrt und die ausländischen Stars wurden (ein wenig) jünger. Kaká, David Villa, Steven Gerrard, Frank Lampard oder Andrea Pirlo hießen 2015 die bekanntesten Profis, die zweifellos auch in Europa noch gute Verträge hätten ergattern können. Inzwischen hat man bei den Zuschauerzahlen bereits die NBA überholt, und so verfolgten 25 Millionen Amerikaner im Fernsehen, wie ihre mitreißend spielende Nationalelf bei der WM 2014 Portugal ein 2:2 abrang.

Und David Beckham? Der kaufte sich prompt für 22 Millionen Dollar einen eigenen Verein und plante, in Miami ein Stadion für sein Team bauen zu lassen.

Abb. S. 69: Replica-Version des Mitre Ultimax (erkennbar am Namen Ultima)
S. 70, 71: Die Kappa- und Puma-Modelle, wie es in der MLS zum Einsatz kamen

Auch Lothar Matthäus verdingte sich am Ende seiner Karriere in der MLS

OFFICIAL
MLS
LICENSED PRODUCT
Mitre
MLS
MAJOR LEAGUE SOCCER
COMMISSIONER
OFFICIAL
REPLICA BALL
ULTIMA

Kappa
OFFICIAL
MATCH BALL
MLS
Commissioner
FIFA

MADE IN PAKISTAN
FABRIQUÉ AU PAKISTAN
MLS
MAJOR LEAGUE SOCCER
OFFICIAL
MATCH BALL
PUMA
Commissioner

GAMARADA
OLYMPISCHE SPIELE 2000

VERARBEITUNG Die Oberfläche des Terrestra bestand aus einer ergonomischen Kunststoffschaumschicht, die ihn weicher und besser kontrollierbar machen sollte. Während die Außenhaut der offiziellen Adidas-Turnierbälle in den kommenden Jahren immer weiterentwickelt werden sollte, wurde die im Inneren des Terrestra verarbeitete Schicht aus gasgefüllten Mikrokugeln schon bald zum Standard für die Spielbälle der großen Turniere. Der Terrestra war der letzte EM-Ball, der vernäht wurde.

FAKTEN Dieser Ball verdankt seinen etwas sperrigen Namen den vielen Flüssen, die durch Holland und Belgien, die Gastgeberländer der EM 2000, fließen. Diesen Handelsrouten hatten beide Nationen einen guten Teil ihrer wirtschaftlichen Entwicklung und damit ihres Wohlstands zu verdanken. Da die Einheimischen die Flüsse auch Silverstreams nennen, weil sie so schön in der Morgensonne glitzern, gestaltete man den entsprechend genannten Ball mit daran erinnernden funkelnden, leicht futuristisch anmutenden metallisch blauen Triaden. Ganz nebenbei diente der Terrestra Silverstream als Grundlage für das Modell Finale, mit dem seit der Saison 2000/2001 die Spiele der UEFA Champions League ausgetragen werden. Hergestellt wurde der EM-Ball in Marokko.

Der Terrestra Silverstream war einer der letzten Bälle mit Tango-Design

GESCHICHTE

Die Europameisterschaft 2000 ging nicht nur in die Geschichte ein als die erste EM, die in zwei Ländern ausgetragen wurde, sondern auch als eine spannende Endrunde mit viel Offensivfußball und schönen Toren. Feine Techniker wie der Franzose Zinédine Zidane oder der Portugiese Luis Figo wussten mit dem Terrestra zu zaubern, wobei der überragende Zidane seine Elf letztlich sogar zum EM-Titel führte. Und auch der höchste Sieg bei einer EM wurde im Jahr 2000 erzielt*: Mit einem demütigenden 6:1 schickten die Niederlande Jugoslawien vom Feld. Trotz aller technischen Entwicklungen, die dazu beigetragen hatten, den schnellsten und weichsten Ball aller Zeiten zu entwickeln, und trotz aller Vorteile, die dies für die begnadeten Techniker bedeutete, schien der Terrestra für Elfmeterschützen nicht das ideale Spielgerät zu sein. Den unrühmlichen Rekord der meisten vergebenen Elfer in einem EM-Spiel halten Italien und Gastgeber Holland*. Bei dem 3:1 nach Elfmeterschießen für Italien im Halbfinale nahm das Versagen vom Punkt auf holländischer Seite geradezu englische Ausmaße an. Erst scheiterte man mit Strafstößen zweimal während der regulären Spielzeit, um dann im späteren Elfmeterschießen gleich noch dreimal von gleicher Stelle aus den Ball nicht im Tor unterzubringen. Die Italiener schafften es im selben Spiel immerhin, nur einen Elfmeter zu vergeigen. Den rot leuchtenden Bruder des Silverstream, den Gamarada, widmete Adidas der Sparte Fußball bei den Olympischen Spielen in Sydney. 104.000 Zuschauer sahen das Endspiel der Männer, die höchste Zuschauerzahl bei einem Fußball-Finale in der Geschichte der Olympiade. Neben dem Gamarada erlebten sie dabei auch künftige Weltstars wie den Kameruner Samuel Eto'o oder die Spanier Carles Puyol und Xavi Hernández.* Jeweils Stand: Dezember 2015

Abb. S. 73: *Der Gamarada war der letzter farbige Tango, der in einem Welt-Turnier verwendet wurde*

Xavi

Puyol

Eto'o

GAMARADA™
adidas®
OFFICIAL MATCH BALL
OF THE
FOOTBALL TOURNAMENTS
AT THE
SYDNEY 2000
OLYMPIC GAMES

ADIDAS FINALE 1
UEFA CHAMPIONS LEAGUE

VERARBEITUNG In der Saison 2000/2001 führte Adidas einen speziell für die Spiele der UEFA Champions League produzierten Ball ein. Anstatt etwas ganz Neues auszuprobieren, setzte man in Herzogenaurach auf das Material und die Herstellungsweise, auf die man auch schon bei dem für die EM 2000 entwickelten Terrestra vertraut hatte: außen ein Polster und Gummi, innen eine syntaktische Schaumschicht mit dreilagigem Polymergewebe. Dieses Prinzip sollte über die Jahre beibehalten werden und somit auch für die späteren Champions-League-Bälle und auch Modelle wie Fevernova, Roteiro oder Teamgeist maßgeblich sein.

FAKTEN Obwohl das Waben-Design der Panels zunächst weiterhin beibehalten wurde, wurde als Aufdruck eine Art Bildmarke eingeführt, die sich von dem offiziellen Emblem und Erscheinungsbild der Champions League ableitete: Über die Waben hinausreichende silberne (später auch andersfarbige) Sterne zierten die Kugel und unterstrichen die Absicht von Adidas, Neues zu wagen und jedem wichtigen Wettbewerb eine eigene Ballkreation zu widmen. Selbst als sich die Form der Panels änderte, hielt man am Sterne-Design fest, bei dem sich lediglich die Farbgebung der Sterne jährlich änderte. Erst ab der Saison 2008/2009 variierte man auch die Hintergrundfarbe.

GESCHICHTE

Wie sehr sich mit den modernen Herstellungsmethoden tatsächlich Geschwindigkeit und Flugkurve des Balles änderten, lässt sich – zumindest zum Teil – auch an den spektakulärsten Toren der Champions League ablesen. Vor allem wuchtige Weitschüsse waren es, die immer öfter ihren Weg ins Tor fanden und das Publikum begeisterten. So war es wenig verwunderlich, dass bei einer Abstimmung der besten Tore der 60-jährigen UEFA-Geschichte vornehmlich Champions-League-Treffer der jüngeren Vergangenheit gewählt wurden. Unter diesen waren auch das 2002 im Champions-League-Finale Real Madrid gegen Bayer Leverkusen volley von der Strafraumgrenze erzielte Tor des Franzosen Zinédine Zidane ebenso wie der aus 37 Metern Entfernung ins Netz gedonnerte Treffer des Portugiesen Ronaldo, der seinerzeit, 2009, noch für Manchester United spielte, als er so spektakulär gegen Porto traf. Ronaldos Schuss erreichte dabei eine Geschwindigkeit von 103 km/h !

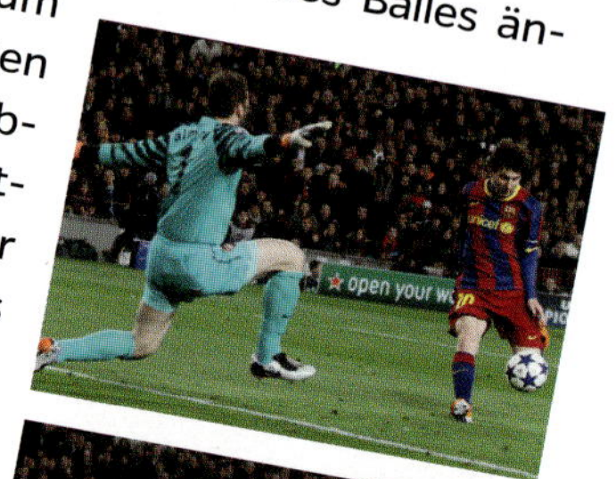

Das Tor jedoch, das man womöglich am ehesten mit einem Skalpell-Schnitt oder einer Origami-Arbeit vergleichen kann, gelang keinem anderen als dem Rekordhalter des Top-Scorer-Awards der Champions League. Lionel Messi nahm im Jahr 2011 im Spiel Barcelona gegen Arsenal nach einem perfekten Zuspiel seines Mannschaftskameraden Iniesta den Ball im Laufen eng am Fuß mit, tippte ihn mit der Fußspitze über Torwart Almunia hinweg und schoss ihn anschließend volley ins Tor. Im selben Jahr gewann Barcelona gegen Manchester United das Finale.

Abb. S. 75: Der erste Adidas Finale Ball, unter Sammlern mittlerweile über 1000 Euro wert

Einer der schönsten Champions-League-Finale-Bälle

FINALE
adidas
UEFA
CHAMPIONS
LEAGUE
OFFICIAL
MATCH BALL
UEFA
CHAMPIONS
LEAGUE
OFFICIAL
MATCH BALL

FEVERNOVA

WM 2002 SÜDKOREA & JAPAN

VERARBEITUNG Von außen sah der Fevernova schlicht, schön und nach langer Zeit mal wieder anders aus als die Vorgänger. Bis dahin hatte man 24 Jahre lang an dem bewährten Tango-Design festgehalten. Zwar war die Wabenstruktur früherer Turnierbälle noch vorhanden (zum letzten Mal), doch hatte man sich dazu entschieden, quer darüber ein asiatisches Ornament zu platzieren. Doch so schlicht der offizielle Spielball der WM 2002 auch aussah, im Inneren verbarg er eine aufwendige syntaktische Schaumschicht in Verbindung mit einem dreilagigen Polymergewebe. Eine Matrix aus gasgefüllten, abgeschlossenen, exakt gleich großen und besonders elastischen Mikrozellen sorgte erstmals bei einer WM dafür, dass die dem Ball zugeführte Stoßkraft gleichmäßig verteilt wurde.

FAKTEN Das eher ungewöhnliche Emblem, das alle Fevernovas zierte, wurde unterschiedlich interpretiert. Die einen sahen darin eine Kombination aus Turbine (stellvertretend für die fluktuierende Industrie Japans und Südkoreas und die Anstrengungen, die beide Länder unternahmen, um die WM austragen zu können) und Feuer, das in Asien als positive, treibende Kraft gilt. Andere erkannten ein klassisches japanisches Tomoe (ein Schreinsymbol) in Verbindung mit kaligrafischen Pinselstrichen. Und wieder andere meinten, eindeutig Shuriken (Ninjasterne) ausmachen zu können. Neu war auch, dass zum ersten Mal ein WM-Ball in Pakistan hergestellt wurde. Zwei Versionen wurden produziert: Der für Normalbedingungen gedachte Tri Lance und der besonders für harte Böden konzipierte Terrain. Egal, für wen man sich als Käufer entschied, preiswert war der für 190 Euro angebotene WM-Ball nicht.

GESCHICHTE

Obwohl er mit seinen 435 Gramm nur ein wenig leichter war als andere Bälle und über elf Lagen und eine drei Millimeter dicke Schicht verfügte, war der Fevernova einigen Profis zu leicht. Brasiliens Rivaldo bemängelte, der Ball flöge zu weit, und sein Kollege Edilson war mit der Größe des Spielgeräts unzufrieden. David Beckham, einer der prominentesten Werbepartner von Adidas, war hingegen voll des Lobes angesichts der seiner Ansicht nach besonders bei Standardsituationen zum Tragen kommenden Balleigenschaften. Immerhin sollte der Fevernova bis zu 130 km/h erreichen können.

Fast schon Tradition hatte die Klage der WM-Torhüter über das enorme Flattern des Balles, weshalb eine Berechnung der Flugbahn schier unmöglich sei. So wenig neu diese Kritik war und so offen seitens des Herstellers und der FIFA auch kommuniziert wurde, dass die Änderungen zu einem schnelleren Spiel und als Konsequenz daraus zu torreicheren Partien führen sollten, so kreativ war die Erklärung des beanstandeten Phänomens durch den Medienbeauftragten für Fußball bei Adidas. Das Flattern des Fevernova, erklärte Thomas Schaik, sei eine optische Täuschung, die durch die unorthodoxe Oberflächengestaltung hervorgerufen werden könne.

Oliver Kahn wurde zum besten Spieler des Turniers gewählt

Ronaldo und Thomas Linke im Finale

Abb. S. 77: Der Fevernova war der letzte 32-Paneelen-WM-Ball und der letzte handvernähte

Frauen-WM-Ball, der aber nie Verwendung fand

Rivaldo und Ronaldinho

FEVERNOVA™
adidas
size 5

ROTEIRO

EM 2004 PORTUGAL

VERARBEITUNG Der Roteiro war der erste offizielle Turnierspielball, der nicht mehr vernäht, sondern thermisch verklebt wurde. Um eine gerade Flugbahn zu garantieren, implementierte man außerdem ein winziges Gewicht an der dem Ventil gegenüberliegenden Seite. Diese Methode zum Ausbalancieren wurde Power Balance Technology genannt. Inzwischen war die Ballherstellung bei Adidas so weit fortgeschritten, dass man während des Produktionsprozesses sogar einen Metalldetektor einsetzte, der eventuell bei der Verarbeitung abgebrochene Nadeln aufspüren und aussortieren sollte. Insgesamt waren zur Fertigstellung eines Roteiro vierzig Produktionschritte erforderlich, bis er verkaufsfertig in einer Verpackung im Laden stehen konnte.

FAKTEN Benannt wurde der Roteiro nach dem Logbuch des wohl berühmtesten Sohnes Portugals, Vasco da Gama. Auch das sparsame, aber sehr markante Design stellte eine Reminiszenz an die Seefahrernation dar. Der in der Farbe Aqua-Metallic gehaltene Hintergrund stand für die Farbe des Himmels, während die dicken dunklen Streifen den Globus und feine, hellblaue Linien das von portugiesischen Seeleuten perfektionierte Koordinatensystem darstellten. Produziert wurde der Roteiro in Thailand.

GESCHICHTE

Mannschaftsmitglieder der griechischen Nationalelf erklärten nach ersten Trainingseinheiten mit dem neuen Ball, sie hätten teamintern ihre Erfahrungen mit dem Roteiro ausgetauscht und seien zu dem Schluss gekommen, dass er äußerst merkwürdig sei. Mit einem langen Pass, berichtete Mittelfeldspieler Vassilis Tsartas, sei es nahezu unmöglich, den Ball zum gewünschten Ziel zu bringen. Der tschechische Trainer Karel Brückner mutmaßte, seine Mannschaft müsse ihr komplettes System umstellen, da der Roteiro zwar hervorragend für das Kurzpassspiel einer Mannschaft wie Real Madrid geeignet sei, nicht jedoch für kontrollierte weite Pässen.

Europameister Griechenland

Adidas-Botschafter David Beckham hingegen mochte sogar den Klang, der bei einem Schuss mit dem neuen EM-Ball zu hören war. Einig war man sich darin, dass die Torhüter während des Turniers ihre liebe Not mit dem Ball haben würden. Doch während die Spieler von Mannschaften wie Italien in scheinbar selbsterfüllenden Prophezeiungen ihr frühes Ausscheiden schon vor dem Turnierstart dem Ball ankreideten, sollten ausgerechnet die am Ende siegreichen Griechen keinerlei Probleme mit dem Spielgerät haben.

Der wohl bekannteste portugiesische Nationalspieler gab an, der Roteiro sei schneller und würde stärkere Kurven fliegen, allerdings wäre das lediglich eine Sache der Gewohnheit. Dann fügte Ronaldo wie stets selbstbewusst an: „Mir ist jeder Ball recht.“

Abb. S. 79: Der Ball, dessen Paneele thermisch verbunden wurden

Der erste EM-Ball, auf den die Teams und Orte vermerkt wurden

Ronaldo

Der Goldene Ball ging an den besten Torschützen Milan Baroš (Tschechien)

ROTEIRO™
adidas
nadel anfeuchten-moisten needle
humedecer la válvula-humectez l'aiguille
made in thailand-hecho en tailandia
2 years shape guarantee
garantía de forma por dos años

NIKE TOTAL 90 AEROW II

LFP 2006/2007

VERARBEITUNG Der handvernähte Total 90 Aerow II besaß, wie die meisten seiner modernen Artgenossen, eine Polyurethanbeschichtung. Während andere Hersteller jedoch auf neue Panelformen setzten, vertraute Nike bei dem Aerow auf die klassische Wabenstruktur, die lediglich durch einige zwölfkantige Panels, also an einer Seite miteinander verbundene Hexagone, durchbrochen wurde. Diese sogenannte „exclusive geo balanced technology“ sollte eine außerordentlich gerade Flugbahn des Balles gewährleisten. Auch bei Kälte sollte der Total 90 Aerow bessere Eigenschaften besitzen als die Konkurrenz – ein Argument, das zumindest für den Einsatz in der spanischen Liga nur bedingt ausschlaggebend war. Der von der FIFA offiziell anerkannte Ball verfügte zudem über eine Latexblase, deren sogenanntes „Air Block II“-System dafür sorgte, dass die Kugel auch bei hoher Belastung prall und formstabil blieb.

FAKTEN Nikes Aerow und auch der Nachfolger Aerow II waren gewiss keine Schönheiten. Dafür konnte man sie – glaubte man den „sport-vision scientists“, also den Entwicklungsexperten des Herstellers, die sich mit Fragen der visuellen Wahrnehmbarkeit im Sport beschäftigten – besser als jeden anderen Ball in Bewegung verfolgen. Neben verschiedenen weißen Versionen mit blauen oder auch goldenen Streifen wurden vor allem in England, aber auch in Spaniens Liga Nacional de Fútbol Profesional (LFP) gelbe Aerows mit dunkelblauen oder auch lila Streifen eingesetzt. Diese sollten für die Kicker bei schlechten Sichtverhältnissen in den Wintermonaten besser zu erkennen sein.

Teddy Sheringham

GESCHICHTE

Der Total 90 Aerow II sorgte in der Saison 2006/2007 sowohl in England als auch in Spanien für einige auffällige Ergebnisse. In der englischen Premier League war es das Nike-Modell, mit dem während einer Saison die wenigsten Tore erzielt wurden (931). Dessen ungeachtet schoss Fulhams Moritz Volz mit ihm gegen den FC Chelsea das 15000. Tor der Ligageschichte, und Teddy Sheringham wurde im Alter von 40 Jahren und 268 Tagen durch einen Treffer mit dem Aerow II zum ältesten Spieler, der jemals in der Premier League traf.

Thierry Henry

Überdies feierte auch der Holländer Ruud van Nistelrooy mit demselben Modell einige Erfolge, obwohl er die englische Liga verließ. Er wechselte im Sommer 2006 von Manchester United zu Real Madrid und wurde dort nicht nur auf Anhieb Spanischer Meister, sondern mit 25 Toren auch gleich Torschützenkönig. Bereits in seinem zweiten Spiel für die Königlichen erzielte er mit dem Nike-Ball einen Hattrick gegen UD Levante. Was kaum jemand weiß, ist, dass es zu diesen Erfolgen in Spanien für van Nistelrooy fast nicht gekommen wäre, da der holländische Nationalspieler nach der WM 2006 eigentlich schon Uli Hoeneß zugesagt hatte, zum FC Bayern zu wechseln. Dieser Transfer platzte jedoch in letzter Minute, als die Spanier bei ihm anklopften.

Moritz Volz

Abb. S. 81: Nike ließ das Design seiner Bälle wissenschaftlich prüfen

Ruud van Nistelrooy

Auf die Bälle für die spanische Liga druckte Nike das Logo des Verbandes LFP

LFP

+TEAMGEIST

WM 2006 DEUTSCHLAND

VERARBEITUNG Für den +Teamgeist kreierten die Entwickler des WM-Balles eine gänzlich neuen Panel-Form, eine Art Zunge. Sechs dieser Zungen waren senkrecht und waagerecht angeordnet, verbunden mit acht komplementären Zwischenstücken, die wie dreigliedrige Rotoren aussahen und statt durch Vernähen miteinander verbunden zu werden nun unter Wärmezufuhr miteinander verklebt wurden. Diese Veränderung war zwar für die Zuschauer (und auch die Spieler) auf den ersten Blick nicht zu erkennen, konnte aber durchaus als Paradigmenwechsel verstanden werden, fügte man doch bisher die Bestandteile der Fußbälle seit mehr als 100 Jahren per Naht zusammen. Die zehn im +Teamgeist integrierten Materialschichten waren dieselben, die auch schon für den Ball der WM 2002 verwendet wurden. Schaumstoff, Textil, zwei Lagen Polyester, Baumwolle, Filz und eine Latex-Blase waren ebenso darunter wie der von der Bayer AG produzierte synthetische Stoff Impranil. Im Ergebnis sollte der 2006er WM-Ball eine ähnliche Flexibilität aufweisen wie ein Lederball, ohne jedoch anfällig für Feuchtigkeitsaufnahme zu sein. Adidas behauptete, dank ihres neuesten Produkts sei es einem Spieler möglich, die Genauigkeit seiner Ballaktionen um bis zu 30% zu steigern.

FAKTEN Ein weiteres Novum stellte der spezielle Aufdruck dar, den jeder der 15 Spielbälle, die pro Partie zum Einsatz kamen, erhielt. Neben den jeweils gegeneinander antretenden Nationen waren auf diesen Bällen Datum und Austragungsort zu lesen. Nach dem Spiel bekamen alle tatsächlich benutzten Exemplare einen entsprechenden Stempel. Zum Finale spendierte Adidas eine weiß-goldene Version des WM-Balles namens Teamgeist Berlin. Nur 1600 dieser Sonderanfertigungen wurden später zum Verkauf freigegeben. Insgesamt verkaufte Adidas mehr als 15 Millionen Exemplare des Teamgeist.

GESCHICHTE Unter allen weltweit vorhandenen Exemplaren des Teamgeist gibt es eines, das in der Herstellung teurer war als alle anderen Exemplare und das nicht nur deswegen ein echtes Unikat ist. Nicht ein einziger Spieler trat je gegen diese Kugel, dafür fassten ihn seit seiner Fertigstellung wohl mehr Menschen an, als jeden anderen Teamgeist. Zudem war er – kaum vorstellbar – noch wasserabweisender als jene Bälle, mit denen bei der Weltmeisterschaft gekickt wurde, und seit seiner „Inbetriebnahme" ständiger Wasserzufuhr ausgesetzt. Die Rede ist von dem 11,3 Tonnen schweren WM-Brunnen aus Tittlinger Granit, dessen Durchmesser zwei Meter beträgt, der dem Design des WM-Balles nachempfunden wurde und der als drehbare Steinkugel vor dem Nordeingang der Neuen Messe München (gleichzeitig Sitz des WM-Medienzentrum) die Besucher zum Anschieben animiert. Denn trotz seines Gewichts lässt sich der Brunnenball in seinem dünnen Wasserfilm auf seiner Schale mit einer Hand drehen.

Abb. S. 83: Im WM-Finale benutzter Teamgeist, erster Endspiel-Ball in Gold

Weltmeister Italien

Frankreichs Mittelfeldspieler Franck Ribéry

Zinédine Zidane im Zweikampf mit Italiens Gattuso

Original Teamgeist der WM mit Stempel, den nur eingesetzte Bälle erhielten

original match balls
2006 FIFA World Cup
adidas
FINAL
ITALY
FRANCE
OLYMPIASTADION
BERLIN
09 JULY 2006
KICK-OFF 20:00
FIFA WORLD CUP
GERMANY
2006
MATCH BALL

BEACHSOCCER

TEAMGEIST PRAIA 2007

VERARBEITUNG Bei den Vorbereitungen zur Produktion des ersten Beachsoccer-Balles stellte Adidas fest, dass die von Hand genähten Bälle für Beachsoccer zu steif und in der Herstellung zu wenig flexibel waren, da die Näher mit den neuen Panelformen Probleme hatten. Am Ende entschied man sich daher für einen maschinell gefertigten Ball mit einer Außenhaut aus TPU-Film.

FAKTEN Um einen für die Sportart optimalen Ball produzieren zu können, führte man seitens Adidas Tests mit unterschiedlichen Panels durch und eruierte im Vorfeld, was Beachsoccer-Spieler von einem idealen Ball erwarten. Am Ende dieser Phase stand die Erkenntnis, dass die verarbeiteten Paneelen größer sein mussten als die üblicher Bälle, damit die Kicker beim Schießen seltener eine Naht treffen. Zudem sollte es eine wiederkehrende Panelform sein. Der Ehrgeiz des Herstellers ging jedoch über ein als langweilig empfundenes Fünfeck, von dem zwölf Stück zusammengesetzt werden, hinaus, nicht zuletzt weil es eine solche Struktur schon gegeben hatte. Und so wurde letztlich eine Form gefunden, die nicht nur neu war, sondern auch den hohen Anforderungen in puncto Stabilität und Funktionalität gerecht wurde. Neben der Beschaffenheit und der Form der Panels war ein weiteres wichtiges Kriterium, dass auf der Oberfläche des Balles kein Sand anhaften durfte. Die Lösung, im Inneren eine Schaumschicht und außen einen TPU-Film zu verwenden, trug Früchte. Die Beachsoccer-Kicker schätzten den Ball sehr, und Adidas gelang ein später, aber schneller Durchbruch bei dieser speziellen Fußballvariante.

Beachsoccer-Ball mit der Paneelenstruktur eines EM-Balles

GESCHICHTE

Zur erstmals 2005 von der FIFA ausgerichteten Beachsoccer-Weltmeisterschaft sollte auch ein erster offizieller Beachsoccer-Ball hergestellt werden. Bei den vorherigen WM-Strandturnieren, die seit 1995 ausgetragen wurden, kamen unterschiedliche Bälle zum Einsatz. Adidas entwickelte eine spezielle Panelstruktur und brachte ein Spielgerät heraus, das besonders weich und damit optimal geeignet für Schüsse mit dem nackten Fuß war. Fortan stand den Teams jedes Jahr zu Turnierbeginn ein andersfarbiger Ball mit einem neuen Design zur Verfügung.

Während der Weltmeisterschaft in Marseille im Jahr 2008 lud Adidas eine Reihe von Turnierteilnehmern ein, um über den optimalen Ball zu diskutieren. Unter ihnen befand sich auch der Trainer des Vizeweltmeisters Mexiko, Ramón Raya Mejía. Es entwickelte sich ein angeregtes Gespräch darüber, welcher der bisher verwendeten Bälle der Beste gewesen sei. Trainer und Spieler waren sich uneins, jeder schien ein anderes Modell zu favorisieren. Mejía ließ keinen Zweifel daran, dass er das Modell Teamgeist Praia am besten fand, mit dem seine Mannschaft im Vorjahr den zweiten Platz belegt hatte. Der Austausch wurde von einem Adidas-Repräsentanten schließlich mit der Feststellung beendet, dass die bisher zum Einsatz gekommenen Bälle stets dieselben gewesen seien und dass sich lediglich das Aussehen über die Jahre geändert habe.

Erst ab dem Jahr 2011 passte Adidas seine Beachsoccer-Bälle der jeweils aktuellen Technologie an, wobei die weiche Außenhülle erhalten blieb.

Mexikos Beachsoccer-Team

Stephane Francois (Frankreich) im Sandduell mit Argentiniens Federico Andrade

Benyam Astorgan (USA) wird von Juanma (Spanien) abgegrätscht

RIO DE JANEIRO
2007
FIFA
BEACH SOCCER WORLD CUP
© 2004 FIFA
adidas
adidas
FIFA

EUROPASS

EM 2008 ÖSTERREICH & SCHWEIZ

VERARBEITUNG Wie seit der WM 1986 üblich, entwickelte Adidas den Turnierball zusammen mit Bayer MaterialScience. Eine der wenigen Änderungen, die den Europass von dem zwei Jahre zuvor bei der WM in Deutschland präsentierten Teamgeist unterschieden, war die fühl- und auf der Oberfläche deutlich erkennbare PSC-Textur, die dem Ball eine ganz eigene Haptik verlieh. Statt einer glatten Außenhaut sollte die spürbare Oberflächenstruktur eine noch bessere Ballbehandlung ermöglichen. Die Beschreibung der Textur in Marketingprosa lautet wie folgt: „Der aliphatische, auf Polycarbonatesterurethan basierende Deckstrich aus dem Impranil®-Sortiment schützt den Ball hervorragend gegen Abrieb.“ Kurz: Die Pille hielt einiges aus. Im Inneren saß eine Kunststoffblase, welche wiederum in Stoffstücke vernäht und mit Latex überzogen war. Eine im Vergleich zur Textur erstaunlich simple Verarbeitung. Die 14 Panels des Balles wurden bei einer Temperatur von 100 Grad auf die Karkasse geklebt.

FAKTEN Grafisch kehrte man mit dem Europass zurück zu den Wurzeln – oder zumindest in eine legendäre Ära des Fußballs, nämlich in die 70er Jahre, als sich die Schwarzweißoptik der Fußbälle durchsetzte. Beim Europass wurden für diese Reminiszenz an die eigene glorreiche Geschichte moderne runde Flächen anstelle der traditionellen Waben verwendet sowie silberne und rote Elemente und natürlich 14 futuristisch geformte Panels. Die Österreichische Post brachte zur EM eine Sonderbriefmarke heraus, die nicht nur kreisrund geformt, sondern auch aus dem gleichen Material hergestellt war wie der Europass.

GESCHICHTE

Genau wie seine Vorgänger sollte auch der 2008er EM-Ball wieder eine Idee gerader fliegen, schneller sein und besser kontrollierbar. Eine Reihe Profis durfte lange vor dem Turnier einige Prototypen ausprobieren, um Adidas ein Feedback zu den angestrebten Verbesserungen geben zu können. Zudem wollte der Sportartikelhersteller schon während des Entwicklungsprozesses die Eigenschaften wissenschaftlich belegen lassen. Mithilfe eines Roboters wurde der Europass Hunderte Male mit gleicher Geschwindigkeit auf ein Tor geschossen. Die Ergebnisse waren zufriedenstellend, wenn auch nicht bahnbrechend: Man hatte auch herausgefunden, dass ein aus 25 Metern mit 90 km/h geschossener Ball nur eine Sekunde benötigte, um beim Torwart anzukommen. Ob diese Erkenntnis für die Turniervorbereitung der Keeper tatsächlich von Wert war, ist nicht bekannt.

Die üblichen Beschwerden blieben trotz aller wissenschaftlich belegten Qualitäten nicht aus. Einzig René Adler, der dritte Torwart der deutschen Nationalelf, bemerkte, der Europass lasse sich etwas leichter fangen als seine Vorgänger. Der, wenn es um neue Bälle geht, notorisch skeptische italienische Keeper Gianluigi Buffon, artikulierte seine grundsätzlichen Vorbehalte gegenüber Neuerungen am Spielgerät diesmal weniger vehement, gleichwohl gab er trotzig zu Protokoll: „Ich halte ihn trotzdem.“

Trainer Joachim Löw (Deutschland)

Tatsächlicher Spielball des 2008er EM-Spiels Kroatien – Türkei

Abb. S. 87: Einer der (ersten silbernen) im Finale eingesetzten Bälle der EM 2008
Abb. S. 88: Der Wawa Aba: Gleiche Struktur wie der Europass, anderes Design
Abb. S. 89 : Spielball der Confed-Cup-Partie USA – Brasilien

Spaniens Sergio Ramos

Das Siegestor von Fernando Torres im Finale

UEFA
EURO2008
Austria-Switzerland
adidas
OFFICIAL MATCH BALL
EURO PASS
gloria
GERMANY
FINAL
29.06.2008
SPAIN
VIENNA
ERNST HAPPEL

adidas
wawa aba
OFFICIAL MATCHBALL
MTN Africa Cup of Nations 2008
CONFEDERATION AFRICAINE DE FOOTBALL
C.A.F.

adidas
USA - BRAZIL
ELLIS PARK STADIUM
28 June 2009
Johannesburg
south
africa
2009
FIFA
CONFEDERATIONS CUP
KOPANYA

VOIT TRIBU

2008

VERARBEITUNG Power Precision Cells! Mit diesem Material, das im Inneren des Voit Tribu verarbeitet wurde, warb der Hersteller um Kunden. Und wirft man einen Blick auf weitere, von Voit herausgestellte Spezifikationen ihrer verschiedenen Ballmodelle der jüngeren Geschichte, könnte man den Eindruck erhalten, es gehe hier eher um die Ausstattung eines Automobils der Zukunft als um einen Fußball: Von vier Polycell-Lagen ist die Rede, ebenso von einem Energy Flux Booster V.2, der Deformationen verhindern soll, von der DR-FLUX-Technologie, welche für eine besondere Struktur auf der Außenhaut sorgen und somit eine bessere Ballbehandlung ermöglichen soll, und von einem System namens Geosmart 20, das die richtige Balance der Kugel gewährleisten soll.

FAKTEN Obgleich sie in Europa wenig bekannt ist, kann die Firma Voit auf eine lange Tradition der Ballherstellung zurückblicken. Bereits im Januar 1927, fünf Jahre nach der Gründung des Unternehmens, kurbelte man die Massenproduktion eines ersten eigenen Ballmodells an, bei dem es sich jedoch noch nicht um einen Fußball handelte. Nur zweieinhalb Jahre später stellte man einen Lederball mit Luftventil vor. Danach dauerte es bis zum 1. Juni 1946, ehe der erste Fußball von Voit auf den Markt kam. Von der immensen Popularität der Sportart konnte auch Voit in den folgenden Jahrzehnten profitieren. Eine Entwicklung, die schließlich dazu führte, dass im Jahr 1985 ein Voit-Ball offizieller Spielball der mexikanischen Liga wurde. Zwar konnte man dieses Privileg im auslaufenden Jahrhundert nur für zwei weiteren Saisons wiedererlangen, doch der zunehmenden Verbreitung der Voit-Produkte tat dies keinen Abbruch. Weitere Stationen auf dem Weg zu einem der weltweit führenden Fußballlieferanten waren die Zertifizierung des Voit Ultra-Balles seitens der FIFA im August 1999 sowie ein neues mit dem mexikanischen Fußballverband geschlossenes Abkommen im April 2004, welches dem Unternehmen – dieses Mal über viele Jahre – den Titel des offiziellen Ball-Lieferanten der nationalen Liga sicherte.

GESCHICHTE

Bemerkenswert in der Geschichte der stets bunten Bälle der mexikanischen Firma sind zwei jüngere Modelle, welche man innerhalb von zwei Jahren mit einem speziellen Hintergrund produzierte. Da wurde zum einen im Oktober 2007 der Tribu mit äußerst auffälligen rosa Streifen veröffentlicht, den man sich trotz der sich anbahnenden veränderten Farbgewohnheiten im Fußballgeschäft zunächst nur schwer an den Füßen ruppig zutretender Männer vorstellen konnte. Und zum anderen erschien nur ein Jahr darauf ein sparsam ganz in weiß gekleidetes Modell. Letzteres wurde unter dem Slogan „Unidos por un Mexico Seguro“ (Gemeinsam für ein sicheres Mexiko) präsentiert und sollte für den Schulterschluss im Engagement gegen die nationale Mafia sorgen. Der rosafarbene Tribu wiederum war dem Kampf gegen Brustkrebs gewidmet.

Abb. S. 91: Voit-Bälle zeichnen sich unter anderem durch knallige Farben aus

Tribu-Sondermodell aus dem Jahr 2007

Voit-Ball aus der Saison 2014/2015

Voit-Ball aus der Saison 2009/2010

Voit Jubiläumsball der mexikanischen Liga

TR3BU
LIGUILLA
TORNEO DE CLAUSURA
2008
Voit
FEDERACION MEXICANA DE FUTBOL ASOC., A.C.

ADIDAS F50

FUTSAL EURO CUP 2010

VERARBEITUNG Für die Produktion des F50, des offiziellen Balles des Futsal Euro Cup 2010, musste sich Adidas an die strengen Regularien der FIFA für Turniere dieser eigenen Sportart halten. Zwar durften die modernen Produktionsmethoden angewandt werden, die auch für die Herstellung der anderen Fußbälle zum Tragen kamen, doch musste der Ball sprungreduziert sein und einen Umfang von mindestens 62 cm und höchstens 64 cm haben und somit sechs Zentimeter weniger als ein üblicher Fußball. Dank dieser Vorschriften hatte der F50 relativ wenig Druck (zwischen 0,6 und 0,9 bar Überdruck) und sprang, aus zwei Metern Höhe fallen gelassen, höchstens 65 cm und mindestens 50 cm hoch. Basis des kleinen Turnierballs war die Technologie des Europass mit seiner PSC-Textur.

FAKTEN Futsal ist eine Variante des Hallenfußballs, dessen Ursprung bis in das Jahr 1930 zurückreicht. Der uruguayische Sportlehrer Juan Carlos Ceriani hatte Futsal als eine spezielle Form des Fußballs entwickelt, die es vor allem Kinder unterschiedlichen Alters erlauben sollte, unabhängig von ihren sportlichen Talenten miteinander spielen und dabei Freude haben zu können. Im Jahr 1988 führte die FIFA Futsal offiziell als neue Disziplin ein. Dabei unterscheidet sich der Sport von anderen Hallenfußballvarianten hauptsächlich durch die Begrenzung des Spielfeldes durch Linien statt durch Banden. Gespielt wird auf Handballtore.

GESCHICHTE

Neben einigen südamerikanischen Ländern ist vor allem Spanien eine große Futsal-Nation. Im Jahr 2010 gewannen die Iberer bereits ihren fünften europäischen Titel und stellten mit Javi Rodríguez auch den besten Spieler des Turniers, der sich den Top-Scorer-Titel mit drei anderen teilte, die ebenfalls fünf Turniertreffer mit dem F50 erzielten. Wie ereignis- und torreich Futsal sein kann, beweist unter anderem Rodríguez' persönliche Statistik. Bis zum Jahr 2015 trat er 168 Mal für sein Land an und erzielte dabei 99 Tore.

Ein Blick in die verschiedenen Ligen zeigt, dass auch im Futsal internationale Vereinswechsel gang und gäbe sind: So spielte Rodríguez für Barcelona, aber auch für den Kuwait Sporting Club sowie für Baku United FC, einen Verein, der nicht, wie man annehmen könnte, in Aserbaidschans Hauptstadt Baku beheimatet ist, sondern in London. Diese Unterscheidung ist im Futsal wichtig, da auch Aserbaidschan eine erfolgreiche Futsal-Nation ist, die mit Biro Jade einen weiteren Top-Scorer des Futsal Europ Cup 2010 stellte.

Abb. S. 93: Der offizielle Ball der Futsal-EM des Jahres 2010

Javi Rodríguez

Der Ball der Futsal-WM in Thailand

MATCH BALL
SALA 65
F50
Hungary2010
UEFA
FUTSAL
CHAMPIONSHIP
adidas

JABULANI

WM 2010 SÜDAFRIKA

VERARBEITUNG: Das aus der Sprache der Zulus stammende „Jabulani“ bedeutet übersetzt „sich freuen“, „feiern“, „zelebrieren“. Der so getaufte Ball wartete mit einer neuartigen Zusammensetzung sehr unterschiedlicher Formen der acht Panels auf. Diese waren ebenfalls nicht mehr vernäht, sondern verschweißt, was für eine vollkommen runde Form sorgen sollte. Zwar wurde dies schon des Öfteren vor einer WM von den Herstellern behauptet, doch beim Jabulani, der nur 0,1 % von einer absoluten Kugel abweichen sollte, war der zugrunde liegende Anspruch tatsächlich besonders hoch.

FAKTEN: Der französische Wissenschaftler Eric Berton bemängelte nach eingehender Untersuchung genau das. Der Ball sei zu rund und deswegen seine Flugbahn seltsam und schwer zu berechnen. Sein australischer Kollege Derek Leinweber machte dafür die fehlenden Nähte verantwortlich. Für die Entwicklung des Jabulani benötigte das Adidas Innovative Team AIT ganze vier Jahre, in denen unter anderem diverse Tests im Windkanal durchgeführt wurden. Das Design sollte vor allem viel Symbolkraft besitzen: Elf Farben waren vertreten, die nicht nur die elf Spieler jeder Mannschaft repräsentieren, sondern auch für den elften Adidas-WM-Ball und die elf offiziellen Sprachen Südafrikas stehen sollten. Die vier kleineren, gerundeten Dreiecke wiederum spiegelten die Fassade des Soccer City Stadiums in Johannesburg wider. Für das Finale ließ Adidas extra einen Jo'bulani genannten Ball produzieren, von dem im Anschluss eine limitierte Auflage in den Handel kam. Einer der tatsächlich zum Einsatz gekommenen Endspielbälle wurde vom Hersteller später auf ebay versteigert und die erzielte Summe von 73.769 US-Dollar dem Nelson-Mandela-Fund gespendet.

GESCHICHTE

Kritik an dem Ball kam, wie schon bei anderen Weltmeisterschaften, für die neue Spielgeräte eingeführt wurden, von den Torhütern. Ausgerechnet zwei der prominentesten Keeper, der Spanier Iker Casillas sowie der Italiener Gianluigi Buffon, äußerten ihr Unverständnis am vernehmlichsten. Eine Schande sei der Ball, ätzte Buffon, während Casillas den Jabulani mit seinem Urteil, der Ball habe einen abgründigen Charakter, scheinbar gar demütigen wollte. Die ungewöhnliche Flugkurve, die der Neue nahm, verwandelte für die Hintermänner so manchen Schuss in ein fliegendes Rätsel. Kunstschützen wie Ronaldo oder der Deutsche Piotr Trochowski hingegen schätzten die neuen Möglichkeiten und probierten fröhlich das Schaufeln des Balles, unternahmen Schussversuche halb mit Spann, halb mit der Innenseite oder setzten ihren Fuß beim Abschuss möglichst weit unten am Ball an und zogen dann ruckartig nach oben, um ihm möglichst viel Topspin zu verleihen.

In den Worten des brasilianischen Torwarts Julio César schwang hingegen ein gerüttelt Maß Resignation mit, als er anmerkte: „Es wäre besser, wenn man vor dem Spiel einfach irgendwo im Supermarkt einen ganz gewöhnlichen, billigen Ball kauft.“

Buffon mit dem WM-Ball

Abb. S. 95: Original-Spielball des WM-Finales 2010
Abb. S. 96: Ein Finalball des Copa-del-Rey-Endspiels Real Madrid – FC Barcelona
Abb. S. 97: Der Torfabrik-Ball, offizieller Spielball der deutschen Bundesliga

Im Spiel um Platz 3 eingesetzter Ball, WM 2010

Iniesta schießt das entscheidende Tor im Finale

adidas
JO'BULANI
OFFICIAL MATCH BALL
SOUTH AFRICA 2010
FIFA WORLD CUP
© 2005 FIFA TM
FINAL
11 JULY 2010
SOCCER CITY STADIUM
JOHANNESBURG
NETHERLANDS
SPAIN

F.C. Barcelona
Final de Copa de S.M. el Rey
20 Abril 2011
Estadio Mestalla
Valencia
Real Madrid
SPEEDCELL
OFFICIAL MATCH BALL
adidas

TORFABRIK
OFFIZIELLER SPIELBALL DER
BUNDESLIGA
adidas

PUMA ULTRA BALL

2010/2011

VERARBEITUNG Der wegen seiner extravaganten Panel-Struktur hervorstechende Ultra Ball von Puma erfüllt alle Anforderungen, die an einen modernen Fußball gestellt werden, und wurde entsprechend von der FIFA offiziell zugelassen. Im Inneren befand sich eine Naturlatexblase, außen umhüllte eine Polyurethan-Beschichtung den maschinengefertigten Ball, und wie viele seiner modernen Artgenossen war er vor Abrieb und Wassereinwirkung gut geschützt. Hier abgebildet ist das Wintermodell, welches lediglich bei Schnee oder Temperaturen unter 0 Grad eingesetzt wurde, in der Standardausführung war der Ultra Ball weiß.

FAKTEN Zwar konnte sich die Firma Puma im Laufe der Jahrzehnte nicht gegen die großen Konkurrenten Adidas und Nike durchsetzen, ein gut funktionierendes und florierendes Unternehmen, das Milliardenumsätze erzielt, ist der wie Adidas in Herzogenaurach ansässige Konzern aber dennoch. Ursprünglich 1948 von Rudolf Dassler, dem Bruder des Adidas-Inhabers Adolf Dassler, gegründet, entwickelte sich Puma rasch zu einem erfolgreichen Sportartikelhersteller, der vor allem mit Sportschuhen Geld verdiente. Nach einer Krise in den 90er-Jahren und einer weiteren um das Jahr 2012 herum wurde 2013 der ehemalige Fußballprofi Bjørn Gulden Vorstandsvorsitzender von Puma. Erfolgreicher als mit dem Absatz von Fußbällen war das Unternehmen vor allem in seiner Blütezeit mit dem Verkauf von Sport- und Fußballschuhen. Das legendäre Modell KING wurde im Lauf der Jahrzehnte von Kickern wir Pelé, Eusébio, Maradona, Rudi Völler oder Lothar Matthäus getragen. Was Fußbälle anging, war man in der Vergangenheit oft weniger präsent als die Konkurrenten Nike oder Adidas, nur hier und da gelang es, Verträge über die Produktion und Bereitstellung von offiziellen Spielbällen für Ligen wie die polnische Ekstraklasa zu schließen.

GESCHICHTE
Nicht nur für Puma war die Ekstraklasa-Saison 2010/2011 eine besondere Spielzeit. Auch der Stürmerstar Tomasz Frankowski feierte ein ungewöhnliches Comeback und durfte für sich reklamieren, mit dem Ultra Ball vor dem gegnerischen Tor am besten klarzukommen. Frankowskis Karriere war in jenem Jahr streng genommen bereits zu Ende. Nach Jahren bei Racing Straßburg, Nagoya Grampus, einer sehr erfolgreichen Zeit bei Wisla Krakau und anschließend einer weniger erfolgreichen bei den Wolverhampton Wanderers, CD Teneriffa und Chicago Fire, kehrte er im Jahr 2009 zu seinem Heimatverein Jagiellonia Bialystok zurück. Für Frankowski, der mit Krakau Ende der 90er- und Anfang der 00er-Jahre dreimal polnischer Torschützenkönig wurde, begann ab seinem Intermezzo in Wolverhampton im Jahr 2006 eine lange Leidenszeit. Wenig Einsätze, wenig Tore und häufige Vereinswechsel waren die Folge. Als er zur Saison 2010/2011 heimkehrte, schien der damals 36-jährige Profi seine besten Tage längst hinter sich zu haben. Und doch kam alles ganz anders. Frankowski wurde mit 14 Treffern noch einmal Torschützenkönig und holte mit Bialystok den polnischen Pokal und den Supercup. Insgesamt schoss er für seinen Stammverein von 2009 bis 2013 stolze 52 Tore, bevor er seine Profikarriere beendete. Man darf annehmen, dass ihm die Saison 2010/2011 und der Ultra Ball immer in besonderer Erinnerung bleiben werden.

Abb. S. 99: Pumas Winterball für die polnische Ekstraklasa-Liga, Saison 2010/2011

32-Paneelen-Puma-Ball aus alten Zeiten

Puma Ball der Saison 2012/2013

ekstraklasa
FIFA
QUALITY
APPROVED

AFC ASIAN CUP

NIKE T90

VERARBEITUNG Da die Ballentwicklung im neuen Jahrhundert eine enorm komplexe Herausforderung geworden war, sah sich auch der amerikanische Sportartikelhersteller Nike gezwungen, ein Produkt zu entwickeln, dass den gewachsenen Anforderungen gerecht werden konnte. Und so zeichnet den T90 ein fünfschichtiger Materialmantel aus, in dem vor allem eine Polyesterschicht Struktur und Stabilität gewährleisten sollte. Wie andere moderne Bälle waren auch die 32 Panels des Nike-Balles mit einer Polyurethanschicht überzogen. Neben einer 6-Wing-Luftkammer aus Karbonlatex sorgten versiegelte Nähte für hohe Strapazierfähigkeit und eine wasserabweisende Oberfläche.

FAKTEN Im Jahr 2007 widmete Nike dem Asian Cup erstmals einen eigenen Ball, den Mercurial Veloci AC. Dies ist umso erstaunlicher, als der seit 1956 ausgetragene Wettbewerb zwischen den asiatischen Nationen die zweitälteste kontinentale Meisterschaft der Welt ist – auf eine noch längere Tradition kann nur die seit 1916 stattfindende Copa América zurückblicken. Etwas griffiger als der seines Vorläufers war der Name des Balles T90 (in Langform Total 90 Tracer), der unter anderem im Jahr 2011 bei der Asienmeisterschaft zum Einsatz kam und der zu der seit 2000 angebotenen Nike-Total-90-Linie gehörte. Mit dem T90 wurde in der Saison 2010/2011 außerdem in der englischen Premier League, in der spanischen Primera Division und in der italienischen Seria A gespielt.

GESCHICHTE

Bei der Entwicklung des T90 überließen die Experten bei Nike nichts dem Zufall. Zwei Jahre lang testete man den Ball ausgiebig mit den kooperierenden europäischen Ligen, in denen der Ball zum Einsatz kommen sollte, mit den Nationalteams aus Portugal und den USA sowie mit einer Reihe von Mannschaften aus Südamerika und Asien. Vor allem bezüglich der Berechenbarkeit und Gleichmäßigkeit der Flugbahn sollte der neue Ball die Konkurrenzprodukte in den Schatten stellen. Nicht ohne Stolz vermeldete man schließlich, mit dem T90 sei bei ausgiebigen Schusstests mit großer Regelmäßigkeit eine Stelle von 90 cm Durchmesser getroffen worden, während vergleichbare moderne Bälle ein mehr als doppelt so großes Ziel benötigten.

Neben Tests im Windkanal an der University of British Columbia und Versuchsreihen im hauseigenen Nike Equipment Innovation Test Lab, mit deren Hilfe eine Verbesserung der Beschaffenheit erzielt werden sollte, kümmerten sich sogenannte Visual Scientists um die Optik des T90. Ausgehend von der Erkenntnis, dass 99% der Sehschärfe einer Person dem peripheren Sehen zugeschrieben wird und nur 1% dem fovealen, also fokussierten Sehen, erforschte man, wie das menschliche Auge auf einen in Bewegung befindlichen Ball reagiert und wie es ihn lokalisiert. Das Ergebnis war eine asymmetrische Grafik, die gleichzeitig einen hohen farblichen Kontrast bot.

Abb. S. 101: Nikes Design sollte die Handlungsschnelligkeit der Spieler positiv beeinflussen

Asienmeister Japan

Japans Stürmer Tadanari Lee schießt das Siegestor

Nikes 32-Paneelen-Ball für den Asian Cup

Der Südkoreaner Moo Ja-cheol wurde mit fünf Toren bester Schütze

AFC
Asian Cup
QATAR 2011
T90

TANGO 12

EM 2012 POLEN/UKRAINE

VERARBEITUNG Der bereits 2011 in der UEFA Europa League zum Einsatz gekommene Ball glich von der Herstellung her dem Jabulani: Thermisch verklebte 3D-Panels, Polyurethan und Kunstleder wurden verwendet. Dennoch versuchte man während der zwei Jahre dauernden Entwicklungsphase, das bewährte Prinzip noch zu verbessern. Es wurden Qualitätstests auf Kunst- und Naturrasen, bei warmen, extrem kalten, nassen und sehr trockenen Witterungsverhältnissen durchgeführt, und zudem testeten Vereine wie Real Madrid, Ajax Amsterdam, Seattle Sounders oder der FC Ingolstadt den Ball im Training. Darüber hinaus wurden Laboruntersuchungen durchgeführt, um sicherzustellen, dass der Tango 12 den FIFA-Statuten genügte.

FAKTEN Die UEFA und speziell Michel Platini setzten bei dem Design auf eine Neuinterpretation des Tango von 1977. Gewünscht wurde eine traditionelle Gestaltung mit viel weißer Fläche, die bei ehemaligen Spielern und Trainern Erinnerungen weckte und gleichzeitig die jüngere Generation ansprach und neugierig machte. Heraus kam eine Art „großes" Tango-Design, das die Nationalfarben der Gastgeberländer aufnahm. Abschließend wurde mittels Visibilitätstests anhand von TV-Bildern festgestellt, dass der Tango 12 einen extrem hohen Wiedererkennungswert hatte. Das Ziel war erreicht.

Im Halbfinale Deutschland – Italien zum Einsatz gekommener Tango 12

GESCHICHTE

Statt eines einzelnen großen Superstars trug sich bei dieser Endrunde in Polen und der Ukraine vor allem eine Mannschaft in die Geschichtsbücher ein: Spanien. Das Team von der iberischen Halbinsel war wieder Europameister geworden und hatte es somit als erste Nationalmannschaft überhaupt geschafft, diesen Titel zu verteidigen. Während es naturgemäß nur einen Europameister geben konnte, gab es diesmal gleich sechs Torschützenkönige. Der Spanier Fernando Torres, der Russe Alan Dzagoev, der Deutsche Mario Gomez, der Kroate Mario Mandzukic, der Portugiese Cristiano Ronaldo und der Italiener Mario Balotelli hatten jeweils drei Tore geschossen. Obwohl er keinen Treffer erzielt hatte, war der spanische Spielmacher Andrés Iniesta der heimliche Star des Turniers. Später sprach er davon, dass es nicht ganz einfach gewesen sei, die Stimmung im Team auf ein erträgliches Level zu heben, da sich die Kicker von den Erzrivalen FC Barcelona und Real Madrid alles andere als grün waren.

Spaniens Spielmacher Xavi

Der Deutsche Philipp Lahm im Halbfinale

Doch trotz der atmosphärischen Störungen schafften es die Spanier ins Endspiel zu kommen. Die Partie war wahrscheinlich das einseitigste Finale, das es jemals bei einer EM gegeben hatte. Mit 4:0 bezwangen die Spanier die Italiener, von denen man zu keiner Zeit das Gefühl hatte, dass sie ihren Gegner in Bedrängnis bringen könnten. Zusätzlich wurden ein paar neue Rekorde aufgestellt: Es war der höchste Sieg eines WM- oder EM-Finales, Torres erzielte als bisher einziger Spieler* in zwei EM-Endspielen ein Tor, Spaniens Torwart Iker Casillas schaffte den 100. Länderspielsieg, was vor ihm noch niemandem gelungen war, und mit dem zwischen diesen beiden Erfolgen errungenen WM-Sieg gelang es der Furia Roja auch als erster Nationalmannschaft, hintereinander drei dieser großen Titel zu holen. *Stand: Dezember 2015

Abb. S. 103: Einer der EM-Finalbälle

Erfolgstrainer Vincente del Bosque

KYIV
SPAIN
01.07.2012
FINAL
ITALY
OLYMPIC STADIUM KYIV
adidas
UEFA
EURO2012
POLAND-UKRAINE
OFFICIAL MATCH BALL
TANGO 12
UEFA EURO 2012™
Certified Used
Official Match Ball
FINAL
KYIV

ADIDAS ALBERT
OLYMPICS BALL 2012

VERARBEITUNG Natürlich stellte Adidas auch für die Olympischen Spiele sicher, dass der eigens dafür entworfene Ball erneut in allen Kategorien Bestwerte erzielte. Die Mischung aus idealem Gewicht, Wasserresistenz und Formstabilität selbst bei intensivster Beanspruchung wurde denn auch von der FIFA besonders hervorgehoben und in höchstem Maße gelobt. In seiner Grundstruktur entsprach der Albert dem Jabulani der WM 2010. Er bestand zu 70% aus Polyurethan und zu 30% aus einem Lederimitat.

FAKTEN Für den Ball der Olympischen Spiele 2012 in London musste ein eng mit dem Vereinten Königreich verbundener Name her, und bevor man sich seitens des Herstellers den Zorn der ziemlich kritischen englischen Öffentlichkeit auf sich zog, bat man die geneigte Gemeinde der Fußballinteressierten gleich selbst um Vorschläge. Über 12000 Empfehlungen gingen ein, bevor man sich für die Idee eines gewissen Rob Ashcroft aus Derbyshire entschied. The Albert, so Ashcroft, sei eine Würdigung der allseits bekannten Halle, der Begriff Ball würde sich phonetisch in direkter Nachbarschaft zu Hall befinden und im Cockney Slang werde die Albert Hall zudem als großer Ball tituliert. Offiziell präsentiert wurde The Albert (nur der Name, noch nicht der Ball selbst) im Juli 2011 – also ein Jahr vor Eröffnung der Spiele. Die Kugel bestach aber vor allem durch die an Fußballerfüßen inzwischen zahlreich vorhandenen Neonfarben – in diesem Fall Pink, Gelb und Blau –, die es auf offiziellen Fußbällen in dem Maße bis dahin kaum gab.

GESCHICHTE

Dass man den Albert-Ball nicht nur besonders präzise und schnell schießen, sondern man mit ihm auch rasch in Führung gehen konnte, bewies die mexikanische Mannschaft im olympischen Finale gegen Brasilien. Stürmer Oribe Peralta nutzte nach nur 30 Sekunden eine Unaufmerksamkeit in der Abwehr der Brasilianer, um sich den Ball zu schnappen, ein paar Schritte mit ihm zu laufen und ihn anschließend mit einem strammen, flachen Schuss an der Grenze des Sechzehnmeterraumes im Tor unterzubringen. Knapp zwei Jahre, bevor sie mit 1:7 bei der WM gegen Deutschland untergehen sollten, bekamen die brasilianischen Stars Oscar und Hulk im Endspiel der Olympischen Spiele bereits einen Vorgeschmack davon, wie sich eine Turnierenttäuschung anfühlt. Auch Neymar und Thiago Silva sowie der Torschützenkönig des Fußballwettbewerbs der Spiele, Leandro Damião, waren mit von der Partie, konnten aber nicht verhindern, dass Peralta in der 75. Minute ein zweites Tor erzielte. Hulk schaffte zwar in der Schlussminute noch den Anschlusstreffer, die Goldmedaille ging dennoch an Mexiko.

Abb. S. 105: Original Endspielball der Olympischen Spiele

Neymar kam mit Brasilien bis ins Endspiel

Mexikos Oribe Peralta war der Matchwinner im Finale

adidas
london
The Albert
Official Match Ball
OLYMPIC FOOTBALL TOURNAMENTS
MEN'S GOLD
11 August 2012
WEMBLEY
STADIUM
MEDAL MATCH
LONDON 2012

KATLEGO

2013 AFRICA CUP

VERARBEITUNG Wie es auch bei Turnieren, die keinen so großen Stellenwert haben, wie eine WM oder EM, inzwischen zur Tradition geworden war, basierte auch der beim Africa Cup 2012 verwendete Katlego auf der Technologie des neuesten Adidas-Balles, in diesem Fall des Tango 12. Das Design war zu gleichen Teilen von der traditionellen Malerei namens Ndebele abgeleitet, die auf eine besondere Form der Hausmalerei im Südafrika des 18. Jahrhunderts zurückgeht, als auch von den Farben, die in den Flaggen der meisten afrikanischen Staaten auftauchen. Über den Namen Katlego – ein Wort, das in der Sprache der SeSotho „Erfolg" bedeutet – wurde per Online-Wahl abgestimmt.

FAKTEN Der wachsenden Bedeutung des afrikanischen Fußballs trug man seit dem Jahr 2008 mit einem eigenen Balldesign für den Africa Cup of Nations Rechnung. Die Grundfarbe aller Turnierbälle sollte Gelb sein, ein Symbol für den Reichtum und die Fruchtbarkeit der meisten Nationen des afrikanischen Kontinents. Was mit dem Waba Aba begann, wurde 2010 mit dem Jabulani fortgesetzt, 2012 hieß der Africa-Cup-Ball Comoequa, ein Jahr später Katlego, im Jahr 2015 Marhaba. Die Verschiebung der Austragung des Turniers von den geraden auf die ungeraden Jahre hatte man beschlossen, damit der Africa Cup künftig nicht zeitgleich zu einer Europa- oder Weltmeisterschaften stattfinden würde.

GESCHICHTE

Dass der spätere Afrikameister Nigeria im Turnier 2012 überhaupt die Gruppenphase überstehen und ins Viertelfinale einziehen konnte, hatten das Team neben einer Leistungssteigerung auch einem äußerst kuriosen Spielverlauf zu verdanken. Nach zwei Unentschieden gegen Burkina Faso und Sambia musste im dritten Gruppenspiel gegen Äthiopien ein Sieg her. Zur Pause stand es 0:0, und selbst nach dem Führungstreffer zum 1:0 für Nigeria war der siegreiche Ausgang keineswegs gesichert. In der 89. Minute der Begegnung beging der äthiopische Torhüter Sisay Bancha jedoch ein folgenschweres Foul im Strafraum, das seiner Elf nicht nur einen gegen sie verhängten Elfmeter zum denkbar ungünstigsten Zeitpunkt einbrachte, sondern dem Tormann selbst obendrein die Rote Karte. Doch damit nicht genug. Äthiopien hatte sein Wechselkontingent bereits aufgebraucht, sodass sich für die verbleibende Zeit (und für den Elfmeter) ein Feldspieler zwischen die Pfosten stellen musste. Addis Hintsa Tekle nahm sich der Aufgabe an, durfte den Torwart seines Teams aber erst mimen, wenn er in einem entsprechend eindeutigen Trikot steckte. Kopfschüttelnd stellte man fest, dass ein solches schlicht nicht mehr vorhanden war. Eilig wurde aus anderen Kleidungsstücken ein individuelles Torwarttrikot für Tekle zusammengeklebt, die Zeit verstrich und der Schiedsrichter bestand schließlich auf acht Minuten Nachspielzeit. Trotz seines Unikats konnte Addis Hintsa Tekle den Strafstoß nicht parieren, Äthiopien verlor 0:2 gegen Nigeria. Die Super Eagles bezwangen anschließend im Viertelfinale die Elfenbeinküste (2:1), im Halbfinale Mali (4:1) und trafen im Finale auf Gruppengegner Burkina Faso, die dieses Mal mit 1:0 besiegt wurden.

Sisay Bancha

Addis Hintsa Tekle

Sunday Mba erzielte das entscheidende Tor im Finale

Einer der Bälle für das Finale des Africa Cups 2012

Abb. S. 107.: Mit diesem Katlego wurde Nigeria Africa-Cup-Sieger 2013

adidas
CAF
katlego
OFFICIAL MATCH BALL
FINAL
10.02.2013
NIGERIA
BURKINA FASO
JOHANNESBURG
NATIONAL STADIUM

ADIDAS KOTOHOGI

J. LEAGUE 2013

VERARBEITUNG In der J. League, der höchsten japanischen Spielklasse (auch J1 League genannt), vertraut man seit Jahren auf Adidas als Lieferant der offiziellen Spielbälle. Die Struktur, das Material und die Herstellungsmethode entsprachen dabei den jeweils aktuellen Adidas-Modellen.

FAKTEN Nur einmal beschloss man in Herzogenaurach, für eine der erfolgreichsten Fußballligen im asiatischen Fußball ein Design zu entwerfen, das es sonst nirgendwo auf der Welt gab. Zum 20-jährigen Jubiläum der Liga ehrte man diese im Jahr 2013 mit dem auf dieser Seite abgebildeten Geburtstagsmodell. Ansonsten erkannten Kenner J. League-Bälle an dem auf einem der Panels aufgedruckten Emblem mit dem Kürzel des japanischen Fußballverbands. Der Kotohogi genannte Jubiläumsball basierte zu 100% auf dem Tango 12. Außerhalb des normalen Ligabetriebs erhielt lediglich der japanische Emperor's Cup ein weiteres, ganz eigenes Modell mit lieblich anmutenden Kirschblütenmotiven und goldenem Hintergrund. Sakura, die japanische Kirschblüte, ist eines der wichtigsten kulturellen Wahrzeichen des Landes. Sie findet sich in stilisierter Form auf dem Ball mit großen roten und kleinen silbernen Ornamenten, während der goldene Grund für den Gewinn des fast 100 Jahre alten Wettbewerbs stehen soll.

Der Jubiläumsball der japanischen J. League

GESCHICHTE

So sehr man in früheren Tagen den japanischen Fußball belächelt haben mag, so tief darf man inzwischen beeindruckt davon sein, wie sich der Sport im „Land der aufgehenden Sonne“ etabliert und in kürzester Zeit enorme Talente hervorgebracht hat. Die Entwicklung begann im Jahr 1965, als man in Japan mit zwölf Amateurmannschaften eine Liga gründete. Diese wurde 1992 zugunsten einer Profi-Liga eingestellt, und schon bald folgten die ersten, zugegebenermaßen bereits im Spätherbst ihrer Karriere stehenden ausländischen Stars dem Ruf japanischer Vereine. Der Brasilianer Zico verhalf den Kashima Antlers zum Vizemeistertitel, sein Landsmann Dunga avancierte zum Publikumsliebling des Vereins Jubilo Iwata und die Mannschaft von Nagoya Grampus konnte nicht nur den Serben Dragan Stojkovic verpflichten, sondern auch den berühmten französischen Trainer Arsène Wenger.

Shinji Kagawa

Hiroshi Kiyotake

Der nächste Schritt zur weltweiten Beachtung folgte mit dem Hervorbringen einheimischer Stars. Waren die Namen von hochtalentierten Fußballern wie Kazuyoshi Miura oder Masami Ihara zunächst nur wenigen westeuropäischen Fußballfans ein Begriff, hat sich dies in späterer Zeit mit Akteuren wie Shinji Okazaki, Keisuke Honda, Hiroki Sakai, Hiroshi Kiyotake oder Shinji Kagawa deutlich geändert. Letzterer machte mit seinem fußballerischen Können auf höchstem Niveau über Jahre bei Borussia Dortmund und Manchester United auf sich aufmerksam.

Zu der Zeit, als Adidas den Ball zum 20-jährigen Jubiläum anfertigen ließ, verfügte Japans Fußball längst über moderne Strukturen und eine vorbildliche Nachwuchsarbeit. Wie ernst Japan als Fußballnation wirklich zu nehmen ist, wird vermutlich auch daran abzulesen sein, wann der J. League dauerhaft ein eigener Ball gewidmet wird.

Abb. S. 109: Der Tango 12 in außergewöhnlich hübschem Design für den Emperor's Cup

Takashi Usami, doppelter Final-Torschütze des Emperor's-Cup-Siegers Gamba

日本サッカー協会
J.F.A.
検定球

UEFA EUROPA LEAGUE
2013/2014

VERARBEITUNG Was das Material und die Verarbeitung anging, war der Europa-League-Ball der Saison 2013/2014 eine Kopie des Tango 12 und des Modells Torfabrik, das in der deutschen Bundesliga Verwendung fand. Und so verwunderte es nicht, dass die am meisten beachtete Veränderung das Design war.

FAKTEN Niemand war wirklich überrascht, dass die Firma Adidas für die im Jahr 2009 neu geschaffene Europa League die Bälle ebenso stellte, wie zuvor für wichtige Turniere der Nationalmannschaften und für die Champions League. Das moderne Design des Europa-League-Modells leitete sich von dem Logo des Wettbewerbs ab, welches wiederum eine Silhouette des Pokals darstellte. Spätere Inkarnationen des Balles – wie die hier abgebildeten – zeigten spielerische Abwandlungen des Trophäen-Bildzeichens, heutige Varianten bieten um einiges freiere Gestaltungen, die nur noch lose an den Ursprung erinnern.

Ivan Rakitic gewann den Pokal 2014 mit Sevilla

Edison Cavani traf viermal in einem Spiel für Neapel

GESCHICHTE

Die Europa League stellt – wie ihr Vorgänger, der UEFA-Cup – Clubs, Verantwortliche und Spieler in den Fokus, die ansonsten oft nur nationale Beachtung genießen. So kamen folgende Protagonisten seit Schaffung des Wettbewerbs besonders gut mit dem dafür produzierten Ball zurecht: Die Profis des PSV Eindhoven schossen mit ihm zwischen 2009 und 2015 für ihren Club 72 Tore, die Mannschaft aus Salzburg erzielte 69 Treffer und liegt damit in dieser Kategorie vor Benfica Lissabon (68). Die Österreicher erreichten diesen Wert jedoch im selben Zeitraum mit zehn absolvierten Spielen weniger (40 im Vergleich zu 50 von Eindhoven).

Der FC Porto hält bis heute den Rekord der meisten geschossenen Tore in einer Europa-League-Saison (37)*. Bei den pro Spiel erzielten Toren liegt überraschenderweise der SV Werder Bremen auf Platz 1 (2,6), vor dem FC Schalke 04 (2,29) und Eintracht Frankfurt (2,25), was allerdings stark mit der geringen Anzahl der ausgetragenen Spiele zusammenhängt.

Erfolgreicher Europa-League-Torschütze: Radamel Falcao

Unter den Torschützen konnte sich Radamel Falcao am besten mit dem Europa-League-Ball arrangieren: Er traf in der Saison 2009/2010 17 Mal ins gegnerische Tor, ein Jahr später immerhin noch 12 Mal, im ersten Jahr für den FC Porto, im zweiten für Atlético Madrid. Einen nicht minder erstaunlichen Wert erreichte der beste Scorer der Saison 2014/2015. Alan vom FC Salzburg netzte zwar nur acht Mal ein, er tat dies jedoch in nur fünf Partien. Wenig verwunderlich, dass es auch Falcao war, der neben Edinson Cavani die meisten Treffer in einem Spiel schoss: Am 28. April 2011 traf er für den FC Porto vier Mal gegen Villarreal (Cavani am 08. November 2012 ebenso oft für den SSC Neapel gegen Dnjpropetrowsk).

Doch auch weit unbekanntere Profis konnten sich mit dem Europa-League-Ball in den Geschichtsbüchern verewigen. Das allererste Tor des neuen Wettbewerbs schoss am 17. September 2009 ein Spieler namens Alberto Zapater. Er beförderte den Adidas-Ball bereits nach vier Minuten für den FC Genua in das Tor der Mannschaft von Slavia Prag. *Stand Dezember 2015

Nur in der Europa League gibt Adidas seinen Bällen keinen spezifischen Namen

Abb. S. 111: Ein Final-Ball, mit dem Sevilla und Benfica 2014 ihr Finale bestritten

FINAL 2014
TORINO
Sevilla FC - SL Benfica
UEFA
EUROPA
LEAGUE™
OFFICIAL MATCH BALL
adidas

ADIDAS CL FINALE

CHAMPIONS LEAGUE 2010

VERARBEITUNG Im zehnten Jahr der Partnerschaft zwischen Adidas und der Champions League stellte der Hersteller einen Ball mit neuem Muster vor. Zehn große, durch Wärmeklebung miteinander verbundene Stern-Panels verliehen dem Ball ein markantes Aussehen, das zum ersten Mal völlig eigenständig und unabhängig von den Strukturen anderer Bälle war. In den Sternen wies man grafisch dezent mit den Logos der einzelnen Endspiele auf jedes Finale hin, das seit Beginn der Kooperation im Jahr 2001 stattgefunden hatte. Technisch war der Finale seit seiner Einführung immer auf dem neuesten Stand, er wurde stets gemäß den neuesten Entwicklungen überarbeitet und besaß so unter anderem seit dem Moskauer Finale 2008 eine PSC-Oberflächenstruktur mit leicht aufgerauter Außenhaut.

FAKTEN Während die Endspielbälle der ersten Jahre in der Folgesaison im regulären Wettbewerb von allen Vereinen genutzt wurden, führte man ab der Saison 2006/2007 eine neue Tradition ein. Fortan durfte nur der Sieger des Wettbewerbs die Kugel mit dem Endspiel-Design in der Folgesaison verwenden. Der Champions-League-Finalball des Jahres 2010 war gewissermaßen ein Jubiläumsball, da er der zehnte offizielle Adidas-Spielball für den wichtigsten europäischen Wettbewerb war. Feine Nuancen zeigten im Design des Balles Wahrzeichen des Finalaustragungsorts Madrid. Diese sehr gelungene Gestaltung wiederholte man in den kommenden Jahren, so auch zum Finale 2013 in London. Mit dem Aufdruck des Balles, der im rein deutschen Endspiel (Bayern München – Borussia Dortmund 2:1) eingesetzt wurde, erinnerte man an die sechs Endspiele, die seit dem Jahr 1963 in London stattgefunden hatten.

Der letzte Finale-Ball vor der Rückkehr der 32-Paneele-Struktur

GESCHICHTE

Die Geschichte der Champions League und vor allem die des Vorgängerwettbewerbs, des Pokals der Landesmeister, ist eng mit dem Namen Gabriel Hanot verbunden. Die Verdienste des 1889 im französischen Arras geborenen Hanot sind noch heute in mancherlei Hinsicht prägende für den europäischen Fußball und zeugen von einem außerordentlichen Leben. Hanot spielte in seiner aktiven Zeit unter anderem bei AS Française Paris (während seiner Studienzeit in Berlin sogar für den BFC Preussen) und wurde zwölfmal in die französische Nationalmannschaft berufen. Sein Debüt für die Équipe Tricolore gab er bereits mit 19 Jahren. Kurz nachdem er dem Nationalteam bei einem 2:2 in Belgien mit einem Doppelpack ein Unentschieden gesichert hatte, wurde er als Pilot im Jahr 1919 Opfer eines schweren Flugzeugunglücks. Er überlebte zwar, war aber gezwungen, seine Karriere zu beenden. Hanots Engagement für den Fußball sollte nun jedoch erst richtig beginnen. Er arbeitete als Journalist für die Zeitschrift L'Équipe, setzte sich Anfang der 20er-Jahre für Verbesserungen der Strukturen im Frauenfußball ein, organisierte Trainerfortbildungen und wurde schließlich 1946 einer von zwei technischen Direktoren des französischen Fußballverbands. Da er seine journalistische Tätigkeit in jenen Jahren munter fortsetzte, kam es zu der äußerst skurrilen Situation, dass der Sportreporter Hanot nach einer 1:5-Niederlage Frankreichs gegen Spanien den Rücktritt des technischen Direktors Hanot forderte, der prompt dem von ihm auf ihn selbst ausgeübten Druck nachgab.

Arjen Robben (Bayern München), Matchwinner im Finale 2013

Im fortgeschrittenen Alter von 65 Jahren schlug Hanot in einem Artikel die Gründung eines europäischen Wettbewerbs vor, in dem die jeweiligen Landesmeister die beste Mannschaft des Kontinents unter sich ausspielen sollten. Der Franzose warb dafür bei den nationalen Verbänden, setzte sich durch und war 1955 beim allerersten Europapokalspiel von Sporting Lissabon gegen Partizan Belgrad als Sonderkorrespondent akkreditiert. Ein Jahr später fand überdies zum ersten Mal die Wahl zu Europas Fußballer des Jahres statt – womit eine weitere Idee von Gabriel Hanot umgesetzt wurde.

Diego Milito (Inter Mailand) erzielte beide Treffer im Endspiel 2010

Abb. S. 113.: Im Champions-League-Finale eingesetzter Ball, der erste neue Finale mit 32 Paneelen
Abb. S. 114: Im Endspiel 2013 kickten Bayern München und Borussia Dortmund mit diesem Ball
Abb. S. 115: Modell Finale für das Champions-League-Endspiel der Frauen: Original-Spielball

FINAL
MADRID 2010
UEFA
CHAMPIONS
LEAGUE
UEFA
CHAMPIONS
LEAGUE
adidas
10 YEARS OF UEFA CHAMPIONS LEAGUE
OFFICIAL MATCH BALLS BY ADIDAS
ROMA
FINALE 2009
FINAL
MOSCOW 2008
OFFICIAL
MATCH BALL
FC Bayern München - FC Internazionale Milano
FINALE
MADRID

UEFA
CHAMPIONS
LEAGUE
UEFA
CHAMPIONS
LEAGUE
Borussia Dortmund
FC Bayern München
FINAL
WEMBLEY 2013
1963
2013
OFFICIAL
MATCHBALL
adidas

UEFA
WOMEN'S
CHAMPIONS
LEAGUE™
Tyresö FF
VfL Wolfsburg
FINAL
LISBON 2014
UEFA
WOMEN'S
CHAMPIONS
LEAGUE™
adidas
OFFICIAL
MATCHBALL

SÜDAMERIKANISCHE BÄLLE / NIKE SEITIRO

VERARBEITUNG / FAKTEN

Die Nike-Bälle der jüngeren Vergangenheit standen qualitativ denen von Adidas in nichts nach und kamen in den höchsten Spielklassen zum Einsatz, so zum Beispiel in der italienischen Serie A, der englischen Premier League, der spanischen Primera División und in diversen südamerikanischen Wettbewerben. Nike stattete seinen Ascente mit einer synthetischen Verschalung aus sowie mit kleinen Grübchen auf der Oberfläche, welche das Flugverhalten des Balles verbessern sollten. Der Seitiro aus der Saison 2011/2012 wiederum war der erste Nike-Ball seit 2003, der nicht Teil der T90-Serie war. Ein wesentliches Merkmal stellte die sogenannte RaDaR-Technologie dar, deren Kürzel für Rapid Decision and Response stand: Das in wissenschaftlichen Tests erprobte Design, das den Spielern helfen sollte, den Ball während eines Matches schneller wahrzunehmen, wurde bei dem Seitiro verändert und attraktiver gestaltet. Im Inneren befand sich eine moderne Fünf-Lagen-Konstruktion, die für eine außergewöhnliche aerodynamische Stabilität sorgen sollte. Der seit 2014 verwendete Ordem bot schließlich eine neue Panel-Struktur mit einer Mischung aus 40 % Kunstleder, 30 % Gummi, 20 % Polyester und 10 % Garn sowie einer Mikrotextur auf der Außenhaut mit sogenannten Aerowtrac-Rillen.

GESCHICHTE

Während Adidas seit 2001 den offiziellen Spielball der europäischen Champions League stellte, übernahm Nike diese Aufgabe seit 2002 für den südamerikanischen Copa Libertadores, in dem wie im europäischen Wettbewerb die beste Vereinsmannschaft des Kontinents ermittelt wird. Im Gegensatz zu dem deutschen Hersteller, der stets denselben, alle zwei Jahre verfeinerten Finale-Ball ins Rennen schickte, wurde in Südamerika gegen Nikes Geo Merlin, Aerow, Mercurial Vapor und Mercurial Veloci, den Omni, Ascente oder Ordem getreten.

Copa-Libertadores-Gewinner 2015: River Plate

Nicht nur in Südamerika war man angetan von dem Ascente. Auch die englische Premier League sollte in der Saison 2009/2010 außerordentlich gut mit dem seinerzeit neuesten Nike-Modell zurechtkommen. Es gab sogar Stimmen, die behaupteten, die stolze Zahl von insgesamt 1019 zu Buche stehenden Ligatoren, Chelseas Rekord von 103 erzielten Treffern in einer Saison und Jermain Defoes fünf Tore für die Tottenham Hotspurs in einer Halbzeit gegen Wigan hätten unter anderem mit der Beschaffenheit des Balles zu tun. Immerhin konnte der Ascente für sich reklamieren, in Tests 2,4 % schneller und einen halben Meter weiter zu fliegen als die bis dato eingesetzten Bälle. Mit dem Modell Tracer (2010/2011) kam man am Ende der Saison in England sogar auf sagenhafte 1063 Tore, mit dem Seitiro immerhin noch auf 1042 Treffer.

Jermaine Defoe mit dem 5-Treffer-Ball

Abb. S. 117: Der Seitiro war ein moderner 32-Paneelen-Ball für die Copa
Abb. S. 118: Der Nike Ordem besaß eine extravagante Panel-Struktur
Abb. S. 119: Chile gewann mit dem Ordem die Copa im eigenen Land

Der Nike Ascente: Offizieller Spielball der Copa Libertadores

Danilo vom Champion 2012, Corinthians Sao Paulo

SEITIRO
OFFICIAL MATCH BALL
2011/2012
FIFA
QUALITY

NIKE ORDEM
BALÓN OFICIAL 2014
C.S.F.
Bolivia
Brasil

NIKE ORDEM
CACHAÑA
COPA AMÉRICA
Chile 2015
FIFA

BRAZUCA

WM 2014 BRASILIEN

VERARBEITUNG Mit dem Brazuca reduzierte sich die Zahl der Panels noch einmal. Die geometrische identische Form der nun nur noch sechs Panels lässt sich wohl am ehesten mit einem vierflügeligen Propeller vergleichen. Statt durch Nähte waren die Panels erneut durch Verklebung verbunden. Lediglich Umfang und Gewicht war mit Bällen früherer Jahrzehnte noch vergleichbar: Mit 69 Zentimetern und 437 Gramm war der Brazuca nur einen Zentimeter größer und fast genauso leicht wie beispielsweise der Etrusco Unico der WM 1990. Adidas versuchte, für das Turnier in Brasilien die Eigenschaften des WM-Balles den klimatischen Bedingungen des Gastgeberlandes anzupassen. Nach langen Tests stellte man zudem sicher, dass er höchstens 0,2 % seines Eigengewichts an Wasser aufnahm, was ihn immun gegen Regen machte. Ebenfalls neu war eine besonders griffige Noppenprägung, die die Stabilität und Aerodynamik noch verbessern sollte und vor allem technisch versierten Spielern zupasskam. Während die Oberflächenstruktur neu war, blieben laut Adidas Blase und Karkasse unverändert so, wie sie schon in den Bällen der EURO 2012, des Confederation Cup und der UEFA Champions League verarbeitet waren.

FAKTEN Das farbige Schleifenmuster des WM-Balles sollte an die in Brasilien sehr beliebten Glücksarmbänder und den gewundenen Lauf des Amazonas erinnern. Wie ernst man es mit den Eigenschaften des Balles nahm, bewiesen die bereits drei Jahre vor der WM durchgeführten Tests, an denen sich über 600 Fußballer und 30 Mannschaften in zehn Ländern auf drei Kontinenten beteiligten. Stars wie Messi, Schweinsteiger oder Zidane durften die Kugel lange, bevor sie in Massen produziert wurde, ausprobieren. Der Brazuca ist somit der am nachhaltigsten getestete Ball der Fußballgeschichte.

GESCHICHTE Der WM-Ball war schon immer wichtig. Viel Aufheben wurde um Produktion und Vermarktung bereits gemacht, als das schwarz-weiße Muster noch mit Schachbrettern statt Fußbällen assoziiert wurde. Spätestens seit Sportartikelhersteller mit der Produktion der offiziellen Spielbälle ihre Jahresbilanzen deutlich aufpolieren konnten, zeigte auch die Öffentlichkeit an dem Turnierball ein immer größeres Interesse. Das Ausmaß des Hypes um den Brazuca, der vom Hersteller bis ins Kleinste strategisch geplant war, übertraf jedoch alles bisher Dagewesene. Anhand eines Masterplans zündete man verschiedene Aufmerksamkeitsphasen: Über den Namen, der für den brasilianischen Lebensstil stehen sollte, durften rund eine Million Fans mittels einer öffentlich durchgeführten Abstimmung entscheiden. Später bekam der Ball einen eigenen Twitter-Account (@brazuca) und absolvierte in vielen Ländern gut dokumentierte „Besuche“, bevor er zum Turnier nach Brasilien zurückkehrte. Schließlich bekam sogar jedes brasilianische Kind, das an jenem 3. Dezember 2013 Geburtstag hatte, an dem der Ball weltweit in den Handel kam, einen Brazuca geschenkt. Eine zur Vorstellung des Balles initiierte Präsentationsveranstaltung mit aufwändiger 3D-Lichterprojektion im bekannten Parque Lage in Rio wirkte da fast schon normal.

Abb. S. 121: Einer der Spielbälle des WM-Finales 2014
Abb. S. 122: Einer der im Finale der Frauen-WM 2015 verwendeten Conext15-Bälle
Abb. S. 123: Auch dieser Ball kam zum Einsatz: im Spiel Barcelona – Sevilla

Mario Götze schießt das Finaltor

Einer der verwendeten Bälle, mit dem Deutschland Brasilien 7:1 demütigte

Der Argentinier Lionel Messi untersucht den WM-Ball

13 JULY 2014 FINAL
GERMANY - ARGENTINA
RIO DE JANEIRO, ESTADIO DO MARACANA
adidas
Official Match Ball
brazuca
USED
2014
brazuca final rio
OFFICIAL MATCH BALL
FIFA WORLD CUP
Brasil

adidas
05 July 2015
BC Place Stadium
conext15 final vancouver
official match ball
USA - Japan
Official Match Ball
USED
CANADA 2015
FIFA
WOMEN'S WORLD CUP

adidas
OFFICIAL MATCH BALL • UEFA SUPER CUP • TBILISI 2015
FC BARCELONA vs. SEVILLA FC
UEFA
SUPER CUP

WINTERBÄLLE

VERARBEITUNG Winterbälle sind keine eigenständigen Entwicklungen, sie sind in puncto Material und Verarbeitung mit den jeweiligen Standardversionen identisch. Es wird also auf tiefer gehende Modifikationen verzichtet und lediglich Farbe und Design den winterlichen Gegebenheiten angepasst. Zu den vielen Herstellern, die ebenfalls hochwertige Bälle, darunter auch Winterbälle, produzieren, zählen neben den hier so oft schon genannten Marktführern auch Hummel, Molten, Uhlsport, Jako, Puma, Derbystar... Um nur einige zu nennen.

FAKTEN Mit dem Arosa Ice Snow Football genannten Turnier gibt es sogar eine inoffizielle Schneefussball-WM. Bei dieser kommt – natürlich – ein orangefarbener Fußball zum Einsatz.

GESCHICHTE

Schnee und Eis gehören seit vielen Jahrzehnten zum Fußball dazu. Ist ein Platz derart unbespielbar, dass man auf ihm nur noch rutschen oder knöcheltief im Schnee stehen kann, wird gar nicht erst angepfiffen. Sollte man zumindest meinen. Doch schon so manches Mal haben in der Geschichte des Sports die Schiedsrichter beide vereisten Augen zugedrückt und so das ein oder andere Schneeballett eröffnet.

Ein Desaster in Weiß erlebten am 7. Januar 1967 die Kicker des FC Schalke 04, als sie auf winterlichem Boden gegen Borussia Mönchengladbach 0:11 unter die Räder beziehungsweise Kufen kamen. Am Ende wollte auf Seiten der Verlierer jedoch niemand so recht den Boden und auch nicht den damals schon verwendeten orangen Ball für die herbe Klatsche verantwortlich machen. Ausgerechnet die sonnenverwöhnten Nationalspieler aus Amerika und Costa Rica mussten am 23. März 2013 im dichten Schneetreiben und auf dicker Schneeschicht ihr Qualifikationsspiel für die WM 2014 austragen. In dem nördlich von Denver auf 1500 Metern Höhe gelegenen Stadion Dick's Sporting Goods Park

Michael Bradley (USA) im Schneespiel gegen Costa Rica

Jupp Heynckes beim legendären 11:0 von Mönchengladbach gegen Schalke 1967

in Commerce City, Colorado, fanden die Mannschaften zwar eine extrem moderne, aber auch eine besonders verschneite Spielstätte vor. Costa Ricas Trainer Jorge Luis Pinto reagierte nach der 0:1-Niederlage gereizt und sprach von einer Schande für den Fußball.

Die Spieler des Hamburger Sportvereins traten wiederum in der Saison 1978/1979 einen besonderen Dienst an. Die Mannschaft, die am Ende der Saison die deutsche Meisterschaft gewinnen sollte, war sich nicht zu schade, vor einem Spieltag, an dem es stark geschneit hatte, große Schneeschaufeln in die Hand zu nehmen und die Tribünen des heimischen Volksparkstadions vom Schnee zu befreien. Selbst Superstars wie Manfred Kaltz oder Kevin Keegan stapften umgeben von Wolken des eigenen Atems die Stufen auf und ab und schippten.

Winterball der Euro-Qualifikation

Abb. S. 125: Dies ist die Winter-Edition eines neueren Champions-League-Modells

UEFA
CHAMPIONS
LEAGUE
adidas
UEFA
CHAMPIONS
LEAGUE
OFFICIAL MATCHBALL
WINTERBALL

ADIDAS BEAU JEU

EM 2016

VERARBEITUNG Der Beau Jeu war der jüngere Bruder des Brazuca und hatte dementsprechend nur geringe Neuerungen aufzuweisen. Modifikationen waren vor allem an der Oberflächenstruktur erkennbar. In der Hauptsache ging es bei der Weiterentwicklung darum, die Griffigkeit des Balles zu verbessern. Zudem sollte der Beau Jeu im Flug dank eines neuen Designs besser zu erkennen sein, was den Spielern helfen sollte, noch schneller auf die sich ändernden Spielsituationen reagieren zu können.

FAKTEN Um auf der Höhe der Zeit zu sein und vor allen die Jugendlichen, die die modernen Kommunikationskanäle des Internet nutzen, erreichen zu können, präsentierte Adidas den Ball für die EM 2016 über den Instagram-Account der französischen Fußballlegende Zinédine Zidane. Der Plan ging auf. In kürzester Zeit wurde das Foto des Balles über 100.000 Mal gelikt. Der Name Beau Jeu (dt.: das schöne Spiel) durfte Gastgeber Frankreich durchaus auf sich und vergangene Erfolge beziehen, nicht zuletzt auf die elegante Spielweise des Ballpaten Zidane. Hinsichtlich de Balldesigns – eine Mischung aus Fritz-Lang-Ästhetik, Bauhausstil und moderner Anmutung – gingen die Meinungen auseinander. Die Buchstaben E-U-R-O sowie die Zahlen 2-0-1-6 in den französischen Nationalfarben sind mit einem Hauch Silber, das die Trophäe selbst repräsentieren sollte, in die Gestaltung integriert. Parallel zur Vorstellung des Balles durften die Fans Zidane auch in der „Future Arena" bewundern, einem virtuellen Fußballstadion, bei dem 50.000 digitale Fans auf Aktionen aller realen Fans reagierten, die es wagten online auf dem Feld zu spielen.

GESCHICHTE

Den Ernstfall konnten die an der EM teilnehmenden Kicker mit dem neuen Spielgerät erst proben, als die Qualifikation für das Turnier bereits vorbei war. Adidas lieferte die ersten Testbälle an die Verbände erst Ende November 2015 aus, nur einige Stars hatten bereits in der Entwicklungsphase Gelegenheit, sich einen Eindruck vom Beau Jeu verschaffen. Unter ihnen waren naturgemäß vor allem dem Hersteller zugetane Profis. Ein strategisch kluger Schachzug war es, als Unterstützer mit dem legendären spanischen Keeper Iker Casillas auch jemanden zu finden, der die Torhüter repräsentiert, die sich in der Vergangenheit im Vorfeld nicht selten über neue Bälle beklagt hatten.

Auch Gareth Bale, einer der teuersten Spieler aller Zeiten, stimmte in den Lobgesang mit ein und pries die Präzision, die man mit dem Beau Jeu bei langen Bällen erreichen könne. Jedoch schwang in Bales Aussagen womöglich noch die unbändige Freude über die erste Teilnahme seiner Heimat Wales an einem großen Turnier seit der WM 1958 mit. Das Ticket für Frankreich hatte sich die Waliser Nationalmannschaft kurioserweise mit einer Niederlage gesichert. Im letzten Gruppenspiel verlor sie in Zenica mit 0:2 gegen Bosnien-Herzegowina. Da gleichzeitig aber Israel in Jerusalem eine 1:2-Pleite gegen Zypern kassierte, war die EM-Teilnahme direkt gesichert.

Die Freude über den Erfolg war bei den Walisern riesengroß, da sie einige Tiefschläge hatten einstecken müssen: Gary Speed, der Vorgänger des walisischen Nationaltrainers Chris Coleman, hatte vier Jahre zuvor Selbstmord begangen, und Coleman war nach der Übernahme der Mannschaft während der Qualifikation für die WM 2014 mit einer bitteren 1:6-Niederlage seines Teams gegen Serbien gestartet.

Die Stars der Euro 2016? Belgiens Kevin De Bruyne (re.) und Eden Hazard (l.)

Während Coleman sich in der Stunde des Triumphs nachdenklich gab und auch an Speed erinnerte, sprühte Mittelfeldspieler Aaron Ramsey bereits vor Selbstbewusstsein und kündigte an, dass Wales bei dem Turnier in Frankreich schwer zu schlagen sein würde. Bale hingegen resümierte nach dem letzten Gruppenspiel: „Das war die schönste Niederlage meiner Karriere."

Abb. S. 127: Paneelen wie der Brazuca, aber französisches Design: Der Beau Jeu

2016
OFFICIAL MATCH BALL
UEFA
EURO2016
FRANCE
adidas
BEAU JEU

TOBIAS FRIEDRICH, geboren 1969 in Göttingen, lebt als Autor und Musiker in Berlin. Er verfasste unter anderem die Sachbücher „1000 Tage, die die Welt bewegten“, „1000 Gründe Fußball zu lieben“, den SPIEGEL-Bestseller „... aber das ist eine andere Geschichte“ sowie zahlreiche Artikel und Essays. In seiner Jugend spielte er eine äußerst erfolglose Saison lang als Linksaußen beim RSV Geismar.

PÉTER PESTI ist Fotograf und Fußballfan aus Budapest, seit seiner Kindheit sammelt und fotografiert er Fußbälle, die er auf seiner eigenen Website www.worldcupballs.info dokumentiert. Seine Fotos sind weltweit gefragt. Für „Fußbälle“ erfüllte er sich einen Traum und reiste in zahlreiche Länder, um die wichtigsten Originalbälle aus der Geschichte des Fußballs, darunter sämtliche WM-Bälle, erstmals für dieses Buch zu fotografieren.

DANK AN

Adidas Archives
Ramón Raya Mejía
National Football Museum, Manchester
Günter Pfau
Javier Piñero
Sándor Puhl
Schweizer Sportmuseum, Basel
Maxim Vasilyev

Besonderer Dank gilt Zoltán Hosszú

BÄLLE MIT FREUNDLICHER GENEHMIGUNG DES

National Football Museum, Manchester: S. 8 / 9 / 10 / 13 / 15
National Football Museum und der Neville Evans Collection: S. 11
National Football Museum, Eurostar, der Mirror Group und Virgin: S. 11
Sportmuseum Schweiz, Basel: S. 4 / 22 / 25 / 27 / 31 / 34 / 37 / 38

ANZEIGEN ZUR VERFÜGUNG GESTELLT VOM

Adidas Archiv: S. 36

BILDNACHWEIS

Péter Pesti
Umschlagabbildungen vorne und hinten
S. 4-7, 8 u.r., 9-11, 12 u.l., 13-15, 16 u.l., 17, 18l., 19, 20 r., 21, 22-23, 24 l., 25, 26 u., 27, 28 u., 29, 30 u., 31, 33-35, 36 r.u., 37-39, 40 l.u., 41, 42 l., 43-45, 46 l.u., 47, 48 l.u., 49, 50 l.u., 51, 52 l.u., 53, 54 r.u., 55, 56 l.u., 57, 58-60, 61, 64 r.u., 65, 66 l.u., 67, 69-71, 72 l.u., 73, 74 l.u., 75, 76 l.u., 77, 78 l.u., 79, 80 r.u., 81, 82 r.u., 83, 84 l.u., 85, 86 r.u., 8789, 90 u., 91, 92 u., 93, 94 l.u., 95-97, 98 r., 99, 100 l.u., 101, 102 l.u., 103, 105, 106 r.u., 107, 108 l.u., 109, 110 r.u., 111, 112 l.u., 113-115, 116 l.u., 117-119, 120 l.u., 121-123, 124 u., 125, 126

IMAGO
S. 2-3 PanoramiC // 12 o. Ed Gar / r.u. PanoramiC / m. Magic // S. 16 o. Ed Gar / u.l. Buzzi // S. 18 o. Colorsport / m. + m.r. ZUMA Press/Keystone / u. PanoramiC // S. 20 o. Camera4 / u.l. Buzzi / u.r. Bild-bryan // S. 24 o. Ed Gar / m.r. Magic / u. ZUMA Press // S. 26 o. HJS / u.r. Pressefoto Baumann / m.l. ZUMA Press/Keystone // S. 28 o. PR / m.l. Sven Simon / m.m. PanoramiC / m.r. Horstmüller // S. 30 o. Ed Gar / m. Horstmüller // S. 32 o. PR / u. Kicker/Metelmann / m.r. Horstmüller / m.l. Sven Simon // S. 40 o. Ed Gar / m.m. WEREK / m.r. + u.r. Sven Simon // S. 42 m.m. WEREK / o. PR / o.r. Kicker/Metelmann / u. Schöning / m.r. Frinke // S. 46 o. hqfl / m.r. WEREK + u.r. WEREK // S. 48 o. PR / o.r. + u.m. Colorsport / m.r. Pressefoto Baumann / u.r. Sven Simon // S. 50 o. Ed Gar / o.r. + m.r. + u.r. WEREK // S. 52 o. Sven Simon /o.r. + m.r. + u.r. PanoramiC // S. 54 o. PR / m.2.v.o. + m.u. Sven Simon / m.3.v.o. Colorsport // S. 56 o. Ed Gar / o.r. Ferdi Hartung / u.r. WEREK / u.r. Colorsport // S. 58 o. PR / u.l. Sven Simon // S. 62 o. PR / m.r. WEREK / m.l. Colorsport / u. Oliver Behrendt // S. 64 o. Magic / m.m. + u.m. UPI Photo / m.r. HochZwei/Sportstock // S. 66 o. Uwe Kraft / m. + u.r. Sven Simon // S. 68 o. hqfl / m.r. + m.l. Icon SMI / u. Sven Simon // S. 72 o. Contrast/Text / m.r. Colorsport / u.l. + u.m. Claus Bergmann / u.r. PanoramiC // S. 74 o. BPC / r. alle Sportimage // S. 76 o. PR/ m.r. + u.r. Ulmer / m.l. Camera 4 // S. 78 u.m. Laci Pereneyi / o. + u.r. Sven Simon / o.r. PanoramiC // S. 80 o. BPI / m.m. Sportimage / m.r. BPI / u.l. Icon SMI // S. 82 o.l. Camera 4 / o.r. Ulmer / m.l. HochZwei/GN / m.r. Laci Pereneyi / u.l. Pressefoto Baumann // S. 84 o.r. + u.r. + m.r. Ulmer // S. 86 o.l. MIS / o.r. + u.m. Sven Simon / u.l. Cordon Press/Diario // S. 90 o. Sepp Spiegl // S. 92 o. + m. + u.r. Aleksandar Djorovic // S. 94 o. ulmer / u.r. Sven Simon / m. ImagePhoto // S. 98 m.l. + u. Newspix / o. hqfl // S. 100: o. + m. Xinhua / u.r. Kyodo News / u.m. AFLOSPORT // S. 102 o. Aleksandar Djorovic / m.l. GEPA Pictures / m.r. Uwe Kraft / u. GEPA Pictures // S. 104 u.l. AFLOSPORT / u.r. XINHUA / o. PanoramiC / m.l. Sven Simon // S. 106 o. + m.l. + r. + u.l. Gallo Images // S. 108 o. + u.m. + m.l. AFLOSPORT // S. 110 o. Revierfoto / m.r. Cordon Press/Miguelez Sports / m.l. BPI / u.l. HochZwei/Syndication // S. 112 m. VI Images / u.r. Alterphotos // S. 116 o. hqfl / m.l. Photogamma / m.r. Colorsport / u.r. AFLOSPORT // S. 120 o. Sepp Spiegl / m. Ulmer/Teamfoto / u.r. Adidas // S. 124 m.l. Icon SMI / m.2.v.l. Werner Otto / m.3.v.l. Dehli-News / m.4.v.l. Christoph Reichwein / m.5.v.l. Seskim Photo / m.6.v.l. Lars Moeller // S. 126 o. PanoramiC / u.l. + r. Panoramic International